몸과 마음을 정화하는
감사연습

몸과 마음을 정화하는 감사연습

초판 1쇄 발행 2024년 1월 2일

지은이 해담
펴낸이 장길수
펴낸곳 지식과감성#
출판등록 제2012-000081호

주소 서울시 금천구 벚꽃로298 대륭포스트타워6차 1212호
전화 070-4651-3730~4
팩스 070-4325-7006
이메일 ksbookup@naver.com
홈페이지 www.knsbookup.com

ISBN 979-11-392-1544-1(03190)
값 16,700원

- 이 책의 판권은 지은이에게 있습니다.
- 이 책 내용의 전부 또는 일부를 재사용하려면 반드시 지은이의 서면 동의를 받아야 합니다.
- 잘못된 책은 구입하신 곳에서 바꾸어 드립니다.

지식과감성#
홈페이지 바로가기

몸과 마음을 정화하는
감사연습

해담 지음

해처럼 밝은 나
해나인

해처럼 밝은 나로 살아가는 사람들
해나인의 자기변형 프로그램

몸과 마음을 정화하는 안전한 힐링공간
해나인에 초대합니다.

✕ 목차 ✕

프롤로그 • 8

Part 1 | 감사연습의 효과

01 내 삶을 바꾸어준 감사연습 • 14
02 고통을 정화하는 방법 • 14
03 나를 바꾸는 위대한 선택 • 15
04 나는 왜 행복하지 않은 걸까? • 15
05 나의 꿈을 이루어준 감사연습 • 16
06 해처럼 밝은 나를 깨워준 감사연습 • 16
07 간단하지만 강력한 감사노트 • 17
08 생명의 빛을 채워주는 감사기도 • 18
09 해처럼 밝은 나로 살아가는 사람들(해나인) • 18

Part 2 | 감사연습의 원리

01 허용의 기술 • 22
02 5가지 감사의 원리 • 24
03 감사연습의 3단계 • 28
04 자기변형의 원리 • 33
05 어떤 생각에 초점을 맞출 것인가? • 40
06 감사연습의 효과를 보지 못하는 이유 • 41
07 머리와 가슴, 어느 것을 따를까? • 45
08 감사의 대상은 내부에 있다! • 46
09 자신을 변화시키는 실질적인 방법 • 48

10 긍정적 실현원리(Positive Manifestation Principle)	•50
11 참나와 연결하는 감사연습	•53
12 이완하면 감사가 쉬워진다	•55
13 내 삶의 미래, 위대한 선택에 달려있다!	•57
14 무조건적인 감사가 가능할까	•58

Part 3 | 21일 감사프로젝트

01 감사연습 전 기초연습	•70
02 감사연습 들어가기	•73
03 감사노트 작성하는 방법	•75
04 21일 감사프로젝트 시작하기	•79
05 감사말하기와 몸에게 감사하기	•82
06 단순 감정에게 감사하기	•99

Part 4 | 200일 감사프로젝트

01 복합감정 정화하기	•139
02 에고마인드 정화하기	•165
03 마인드게임 정화하기	•198

에필로그 • 229
용어정의 • 231

✕ 프롤로그 ✕

나를 변화시켜 준 감사연습

지금 이 책을 보고 있는 모든 분들에게 감사드립니다. 감사연습을 알아보거나, 감사연습을 매일 실천하고 있다면 축하드립니다. 왜냐하면 몸과 마음을 정화하는 가장 탁월한 도구를 만났기 때문입니다. 감사연습을 만나기까지 수많은 인생의 우여곡절을 겪고 오신 분도 계실 것입니다. 여기까지 오시느라 수고 많으셨습니다. 이제부터는 새로운 삶을 맞이하실 것입니다. 지금 당장 행복을 선택하세요. 그것만으로도 행복이 시작됩니다. 그리고 매일 감사연습을 하세요. 그러면 행복한 삶이 계속됩니다.

내가 감사연습을 처음 도전할 때가 생각납니다. 직장 생활을 하면서 아프기 시작한 몸을 치유하기 위해 많은 시간을 보내야 했습니다. 나를 괴롭혔던 분노의 감정을 추스르고 정화하기 위해 여러 가지 프로그램에도 참여해 봤습니다. 하지만 모든 프로그램이 그렇듯이 며칠만 지나면 다시 예전처럼 돌아가는 것이었습니다. 건강과 경제적인 어려움으로 힘든 젊은 시절을 보내고 있었습니다.

"나는 왜 이렇게 변하지 않을까?"

예전의 일기를 보면 항상 그대로 변하지 않는 나를 반성하고, 나를 바꿔보려고 고민했던 내용들로 가득 차있습니다. 이제나저제나 나에게도 좋은 날이 올 것이라는 기대로 세월을 보냈습니다.

그러다 어느 순간, '아! 내가 스스로 노력하지 않으면 나를 바꿀 수 없구나!' 하는 생각이 들었습니다. 그 누구도 나를 대신해서 나를 바꿔줄 사람이 없다는 것입니다. 그리고 현란한 자기계발 프로그램, 명상법, 수련법을 배워도 장기간 실천하여 내 것으로 만들지 않으면 아무 의미가 없다는 것을 깨달았습니다.

그동안 수련하고 명상하며 숙고했던 모든 것을 종합해서 나를 위한 변화 프로그램을 만들기 시작했습니다. 어떤 것이 나에게 가장 좋은 방법일까? 나를 관찰해 본 결과, 복잡한 방법은 현실적으로 실천하기가 어렵다는 것입니다. 단순하면서 장기간 실천할 수 있는 방법이 무엇일까 고민했습니다.

"일단 웃음부터 시작해 보자!"

　지금은 웃음을 잃어버렸지만, 어렸을 때는 항상 웃음이 많았던 나였기에 자신이 있었습니다. 웃음을 다시 회복하는 프로젝트를 21일 동안 도전했습니다. 처음에는 정말 3일도 못 가고 바쁘다는 핑계로 연습을 하지 않았습니다. 몇 번의 재도전으로 1주일, 2주일까지 갈 수 있었고, 다시 도전해서 마침내 21일을 넘겼습니다. 이렇게 21일을 꾸준히 실천하고 나니까 너무 뿌듯했습니다. 그때부터 다른 사람들에게도 어떤 연습이라도 좋으니 21일 이상만 해보라고 조언해 드렸습니다. 21일 연습을 실천하신 분들은 저에게 매일 문자나 카톡으로 보내오시는데, 예외 없이 상당한 변화를 경험하셨습니다. 다른 사람과 함께 연습하면 정말 시간 가는 줄 모르고 21일 동안 쉽게 할 수 있었습니다.

　그러다가 내 의도와는 다르게, 내 사업과 관련된 회사의 내분 때문에 사업이 어려워지고 경제적으로도 힘들게 되었습니다. 그때는 정말 화가 많이 났고 예민해져 있었습니다. 이런 상황을 이겨낼 방법으로 다시 21일 프로젝트를 하자고 결심했습니다. 이번에는 나를 힘들게 한 모든 사람들을 감사하는 연습에 도전했습니다. 연습을 하는 동안 동참하는 분도 생겨서 100일 동안 프로젝트를 진행하게 되었습니다. 100일이 지나고 보니 마음도 편안해지고 불편한 관계도 다 정리되어 새롭게 출발할 수 있게 되었습니다. 이번 프로젝트로 웃음과 감사를 병행하면 훨씬 도움이 된다는 것을 알게 되었습니다. 그리고 그동안 체험한 내용을 바탕으로 감사연습 프로그램을 체계화하기 시작했습니다.

그 이후로 경제적 어려움, 사업의 위기, 파트너와 갈등이나 이별, 불편한 사람들로 고민거리가 생길 때마다, 3~6개월 동안 감사연습을 하면서 나에게 적용해 봤습니다. 감사연습 프로젝트를 하고 나면 몸과 마음이 편안해지고 다시 순수한 나로 돌아갈 수 있었습니다. 매일 감사연습을 실천했더라면 그런 어려움을 겪지 않았을 것입니다.

내 문제들을 해결하기 위해 감사연습을 시작했지만, 그 결과는 전혀 다르게 나타났습니다. 내가 추구해 온 의식과 영성 분야에서 비약적인 도약을 이루어냈습니다. 감사연습으로 근원과 더 가까이 다가갈 수 있게 되었고, 마음을 비우고 참나를 발견하는 계기도 되었습니다. 감사연습을 하면서 나의 문제를 잠재의식 수준까지 더 깊이 성찰하고 정화하는 시간을 갖게 되었습니다.

이 책에 소개된 내용은 그동안 감사연습을 실천하고, 교육하면서 정리한 내용입니다. 이 내용을 참고로 자신만의 감사연습을 만들어가시기 바랍니다.

Part 1

감사연습의
효과

01 내 삶을 바꾸어준 감사연습

나는 오랫동안 부정적인 생각과 불편한 감정에 빠져, 힘들고 고통스러운 나날을 보내고 있었습니다. 어두운 생각과 감정을 없애려고 할수록, 오히려 어둠은 더 커져가는 것 같았습니다.

우연히 감사연습을 알게 되면서 내 삶이 바뀌기 시작했습니다. 어둠을 변형시키는 감사의 힘을 알게 된 것입니다. 감사연습을 매일 반복하면서 부정적인 생각과 감정을 있는 그대로 느끼고 수용해 주었습니다. 감사연습을 하는 동안 점점 더 긍정적으로 변하기 시작했습니다. 판단 분별을 하지 않고 감사로 수용하는 것만으로도 마음이 편안해졌습니다. 감사연습으로 기쁨의 삶을 회복하고, 해처럼 밝은 나로 다시 살아갈 수 있게 되었습니다.

02 고통을 정화하는 방법

내 생각을 바꾸었는데도 고통은 멈추지 않았습니다. 도대체 내 아픔은 어디서 올까 고민했습니다. 감사연습을 매일 실천하면서 고통의 진짜 원인을 알게 되었습니다.

어린 시절 상처받은 내면의 아이가 방치된 채, 내 가슴속 깊은 곳에서 울고 있었습니다. 내면의 아이를 사랑으로 안아주면서 이렇게 말해 주었습니다.

"그동안 외롭게 해서 미안해, 나를 용서해 줘! 상처받은 과거의 기억을 알게 해줘서 고마워! 항상 감사하고 사랑해!"

내면의 아이가 다시 밝아지면서 나의 고통도 사라졌습니다. 고통에서 벗어나게 도와준 감사연습에 감사합니다.

03 나를 바꾸는 위대한 선택

"내 삶은 왜 이렇게 힘든 걸까?"

내 삶을 변화시킬 방법을 찾기 위해 노력했습니다. 원인은 밖에 있는 것이 아니라 부정적인 내 마음에 있었습니다. 마음을 긍정적으로 바꿔보려고 생각했지만, 다시 예전처럼 돌아가 버렸고 나의 삶은 변화시키기가 힘들었습니다.

수많은 날들을 무의미하게 보내다가 어느 순간, 행복을 기다리고만 있는 나를 알아챘습니다. 기다림을 멈추고, 감사연습을 매일 실천하기로 결심하면서 나의 삶은 점차 변화되어 갔습니다. 감사할 수 없는 것도 감사하고, 웃을 수 없는 상황에서도 웃으면서, 점차 부정적인 생각을 없애고 기분 좋은 감정을 키워갔습니다.

지금 당장 감사연습을 시작하겠다는 위대한 선택을 해야 합니다. 그리고 감사연습을 매일 실천하기만 하면 나를 바꿀 수 있습니다.

04 나는 왜 행복하지 않은 걸까?

"나는 왜 어렸을 때처럼 웃지 않을까? 웃으려고 해도 웃을 일이 없어서일까?"

아이들처럼 아무런 걱정 없이 밝게 웃으면서 하루를 즐겁게 보내지 못하는 이유가 궁금하지 않나요?

감사연습에 참여하면서 웃음을 가로막는 진짜 원인을 알게 되었습니다. 나의 본성은 본래 기쁨인데, 부정적인 생각과 불편한 감정의 먹구름이 나의 밝은 본성을 가로막고 있었다는 것입니다.

감사로 마음을 정화하고 웃음으로 밝아지면서 행복을 느끼는 순간이 늘어났습니다. 웃음을 되찾아 준 감사연습에 감사합니다.

05 나의 꿈을 이루어준 감사연습

매일 감사연습으로 내 심장은 편안해지고 높았던 혈압도 떨어졌습니다. 마음이 안정되고 스트레스를 받지 않으니 소화도 잘되고 면역력도 좋아졌습니다.

감사연습으로 건강이 좋아지면서, 짜증도 줄어들고, 불편했던 관계도 회복되었습니다. 점차 웃음도 많아지고 자신감과 활력이 살아나 다시 도전할 수 있는 용기도 생겼습니다. 이제는 원하던 일도 다시 시작할 수 있게 되었습니다. 감사연습으로 꿈을 이룬 나에게 감사합니다.

06 해처럼 밝은 나를 깨워준 감사연습

항상 밝은 아이였던 어린 시절을 기억하시나요?

그때는 웃음과 기쁨으로 충만했던 날들이었습니다. 하지만 언젠가 어두운 생각과 부정적인 감정이 내 마음을 채우면서 웃음이 사라졌습니다.

답답하고 우울한 마음에서 벗어나, 기쁨으로 살던 나를 다시 찾기 위해 고민했습니다. 수많은 방법들을 배워도 내가 실천하지 않으면 무용지물이었습니다.

바쁜 생활을 하면서도 쉽게 실천할 수 있는 최고의 방법이 감사라는 것을 깨달았습니다. 매일 감사연습으로 마음을 비울수록 점점 다시 밝아지고 기분이 좋아졌습니다. 해처럼 밝은 나로 다시 돌아올 수 있게 되어 너무 행복합니다.

07 간단하지만 강력한 감사노트

힘들고 어려운 날들을 경험하고 있다면, 감사노트를 써보세요. 매일 아침 감사노트를 쓰기 시작하면서 내 삶에 변화가 일어나는 걸 느꼈습니다. 단순히 감사노트를 쓰는 것만으로도 기분 좋은 하루를 시작할 수 있습니다.

감사노트를 쓰는 방법은 아주 쉽고 간단합니다. 감사하고 싶은 내용을 몇 가지 쓰기만 해도 감사하는 마음이 점점 커지면서 행복해집니다. 감사노트에 쓴 내용을 읽으면서, 마치 지금 여기에서 이루어진 것처럼 상상합니다. 상상이 어느 순간 현실이 되는 짜릿한 체험을 하게 됩니다.

감사노트에 꿈을 담아 쓰고 선언하면 꿈이 이루어집니다. 오늘부터 감사노트를 시작해 보세요.

08 생명의 빛을 채워주는 감사기도

감사기도는 근원이 주는 생명의 빛을 감사하는 마음으로 받아들이고 몸에 가득 채우는 기도입니다. 감사연습을 마칠 때 감사기도를 합니다. 기도하는 방법은 쉽고 간단합니다. 몸과 마음을 정화하는 감사기도는 이렇게 하면 됩니다.

사랑하는 나의 근원이여!
생명의 빛으로 나의 몸과 마음을 정화해 주셔서 감사합니다.
진실로 그렇게 됩니다. 진실로 그렇게 됩니다.
진실로 그렇게 됩니다. 감사합니다.

감사기도문을 자신에 맞게 변형하거나 새롭게 만들어도 됩니다. 온 우주에 울려 퍼진 감사기도가 내 삶을 어떻게 변화시키는지 체험해 보세요.

09 해처럼 밝은 나로 살아가는 사람들(해나인)

가슴을 열고 마음을 정화하면 기쁨의 본성이 드러납니다. 마음을 정화하기가 힘들면 감사연습 모임에 참여해 보세요. 혼자서 연습할 때보다 훨씬 쉽고 강렬합니다.

감정과 생각을 정화할 때 몸도 같이 정화해 주세요! 몸과 마음이 깨끗하게 밝아지면 사랑의 본성이 드러나 스스로 밝아집니다. 해처럼 밝은 나로 다시 깨어난 사람들, 해나인의 안전한 힐링 공간에 초대합니다.

내가 어떤 삶을 살고 있든지 상관없이, 지금 당장 기쁨을 선택할 수 있습니다. 기쁨의 삶을 꿈꾸는 분들을 위해 감사연습을 추천합니다.

지금부터 나를 변화시켜 준 감사연습 전 과정을 공개합니다. 감사연습을 매일 실천하면 기적처럼 변화된 현실을 맞이하게 될 것입니다.

Part 2

감사연습의 원리

01 허용의 기술

　인생을 살아가다 보면 몸이 아프거나, 마음이 괴로울 때가 있습니다. 실연이나 이별 때문에 고민할 때도 있고, 돈 때문에 사람들과 관계가 나빠지기도 하고, 계속되는 사업 실패로 미래가 암담할 때도 있습니다.
　아무것도 할 수 없을 정도로 무기력해지고, 무엇을 해야 할지도 모를 정도로 밑바닥에 추락해, 죽고 싶을 정도로 힘들 때도 있습니다. 아무리 금수저를 물고 태어난 사람이라도 남들이 모르는 힘든 여정을 통과해 가야 합니다. 누구나 어려운 난관을 이겨내면서 인생을 배우고 성장해 갑니다.

　사실, 모든 체험은 '나자신(I AM)'이 준 선물이며, 나의 영혼이 동의하여 선택한 것입니다. 하지만, 두뇌의 마음은 이것을 자각하지 못합니다. 마음은 어떻게든 이 체험에서 벗어날 방법을 찾기 위해 갖은 노력을 다할 것입니다.
　마음에 과부하가 걸리면 모든 것을 포기해 버릴 수도 있지만, 어떤 사람들은 어려운 시련도 가볍게 이겨내고 다시 도전해 갑니다. 이런 사람들은 감사하는 마음을 가지고 있기 때문에 다시 일어설 수 있었던 것입니다.

　감사하는 마음은 누구나 다 가지고 있습니다. 하지만, 감사의 원리를 잘 몰라서 제대로 활용하지 않으면, 힘든 날을 보내면서 아까운 시간과 에너지를 낭비하게 됩니다. 감사의 원리를 배우고 실천하면, 쉽고 간단하게 어려움에서 벗어날 수 있습니다.

감사는 단순해 보이지만, 기대 이상의 강력한 효과가 있습니다. 감사의 의미와 원리를 잘 이해하고 꾸준히 실천하면 누구나 놀라운 체험을 하게 됩니다.

감사는 완전한 허용을 의미합니다. 이 의미를 줄여서 감사허용이라고 부르겠습니다. 감사허용의 방법은 감사정화와 감사수용 2가지가 있습니다.

첫째, 감사정화는 과거와 현재의 모든 체험과 기억을 감사로 정화하는 것을 의미합니다. 감사정화는 내 안에 저장된 과거기억을 떠올려, 있는 그대로 느껴주고 흘려보내는 것입니다. 과거기억을 정화하면 오랫동안 정체된 에너지도 함께 풀려나면서 다시 흐르기 시작합니다. 과거기억과 에너지가 풀려나면서 몸과 마음이 가벼워지고 다시 순수한 본성(해처럼 밝은 나, 해나)으로 밝아지게 됩니다.

긍정적인 과거기억은 나의 유익한 자원이므로 정화할 필요는 없지만, 나를 불편하게 만드는 과거기억은 감사로 정화하고 흘려보낼 수 있습니다.

둘째, 감사수용은 내가 창조하고 싶은 미래의 기억을 느끼고 받아들이는 것입니다. 미래의 기억(비전. 영감, 아이디어)은 잠재성의 영역에서 실현되기를 기다리고 있습니다. 미래의 잠재성 안에는 수많은 가능성이 있지만 내가 원하는 것을 선택하고 수용해야만 물리적인 현실에서 구현될 수 있습니다. 미래의 기억은 뇌신경망에 들어와 새로운 생각과 감정이 되고, 반복 연습으로 습관이 됩니다.

감사는 과거기억을 정화하고 미래기억을 받아들이는 허용의 기술이며 도구입니다. 과거기억을 내보내려면 나의 허용이 필요합니다. 마찬가지로 미래의 기억도 내가 허용해 주어야만 내 안으로 들어올 수 있습니다. 허용은 주권적인 창조자로서 내 삶의 주인공이 되어, 스스로 선택하고 허락하는 것을 말합니다. 인생은 내가 허용한 대로 펼쳐지게 됩니다.

02 5가지 감사의 원리

감사연습의 목적은 몸과 마음을 정화하고 미래의 비전을 실현하는 것입니다. 감사의 목적을 이루려면 감사의 원리를 알고, 원리에 맞게 연습해야 합니다.

인간의 마음은 물리적 현실에만 초점이 맞추어져 있어서, 우주의 보편적인 진리를 보지 못합니다. 우주와 자연의 섭리는 인간의 마음을 초월한 보편적인 진리로 작동하고 있습니다. 보편적 진리는 사랑과 빛과 생명이며, 이것들은 분리되지 않은 하나로 존재하고 있습니다. 인간의 마음은 원하지 않는 것은 저항하고, 원하는 것만 받아들이려고 합니다. 하지만 우주는 인간의 창조 의식에 반응하여 좋든 싫든 구분 없이 모두 실현해 줍니다. 고차원에서는 의식이 곧바로 현실로 구현되지만, 3차원에서는 느리게 실현됩니다. 따라서 얼마든지 의식의 초점을 바꿀 수 있는 기회가 주어집니다. 우주의 보편적인 진리와 긍정적 실현원리(PMP)는 감사연습에도 그대로 적용됩니다.

5가지 감사의 원리를 설명해 드리겠습니다. 이 원리대로 감사연습을 하면 어떤 목적으로 감사연습을 하든지 관계없이 원하는 대로 실현됩니다.

첫째 원리는 <u>무조건적이고 전면적인 감사</u>입니다. 나의 자아는 다양한 측면으로 이루어져 있습니다. 나의 자아를 크게는 밝고 긍정적인 측면과 어둡고 부정적인 측면으로 나누어 볼 수 있습니다. 기쁨, 사랑, 행복, 평안, 풍요, 건강처럼 밝고 긍정적인 측면은 굳이 연습하지 않아도 저절로 감사가 흘러나옵니다. 예를 들면 몸과 마음이 건강하고, 돈도 여유롭게 가지고 있다면, 건강과 풍요에 대하여 감사하는 것은 아주 쉽습니다. 긍정적인 측면을 감사할수록 감사에너지가 증폭되고, 긍정적인 측면이 더 확장될 것입니다.

마찬가지로 분노, 슬픔, 두려움, 불만, 결핍, 질병처럼 어둡고 부정적인 측면도 무조건 감사해야 합니다. 부정적인 측면을 감사로 정화하고 긍정적인 측면과 하나로 통합해야 합니다. 나의 자아에서 쪼개진 채, 억눌리고 감추어진 부정적인 자아를 감사로 수용하면 아픔과 고통이 치유되기 시작합니다. 조건 없이 자신의 모든 측면을 다 받아들이고 감사하는 것은 약간의 용기와 도전이 필요합니다. 감사할 수 없는 자신의 어두운 측면을 감사할 수 있어야 자신을 변화시킬 수 있습니다. 감사연습으로 자신을 통합하고 자신에 대한 완전한 신뢰와 사랑을 키워가야 합니다.

둘째 원리는 <u>반복적인 감사</u>입니다. 매일 자신만의 감사루틴을 정하고 감사연습을 반복해야, 뇌신경망에 감사습관을 정착할 수 있습니다.

감사를 반복하다 보면 하부의식까지 감사가 스며들어 하부신경망도 재설정할 수 있습니다. 하부의식에는 항상성(homeostasis) 유지를 위한 기본값이 설정되어 있습니다. 이 설정값에 따라 체온, 맥박, pH, 산소량 등의 생리적 균형을 맞추고 있으며, 웃음과 표현의 강도, 목소리 크기, 월수입, 몸무게 등 내 삶의 모든 것을 무의식적으로 조절하고 있습니다. 기본 설정값을 조정하면 자신이 원하는 상태로 업그레이드할 수 있습니다. 감사연습으로 하부의식의 설정값을 바꿀 수 있습니다. 반복해서 연습해야만 하부의식에 새로운 뇌신경망이 깔립니다. 새로운 신경망은 습관이 되고 무의식적인 습관이 인생을 바꾸어줄 것입니다.

셋째 원리는 의식적인 감사입니다. 감사연습은 의식적으로 해야 합니다. 의식의 초점을 3차원의 물리적 영역에서 더 높은 차원까지 자유롭게 전환할 수 있어야 합니다. 보이는 것만 감사하는 것이 아니라, 보이지 않는 내면과 더 높은 자아까지 감사해야 합니다. 감사연습은 의식을 확장하는 연습입니다. 의식이 고착되면 에너지도 흐르지 않고 정체됩니다. 의식을 자유롭게 확장하고 전환할 수 있어야 에너지도 자유롭게 흐를 수 있습니다.

넷째 원리는 에너지적인 감사입니다. 감사는 잠들어 있는 에너지를 깨우고 움직이게 하는 주문과 같습니다. 감사연습을 할수록 에너지가 증폭되고 충만해져야 합니다. 내 안의 에너지가 밖으로 방사되도록 허용해야 합니다. 빛, 열감, 진동, 감정 등의 에너지가 느껴지지 않는다면 감사는 허공의 메아리가 될 뿐입니다. 최대한 잠재된 에너지를 의식적으로 끌어낸 상태에서 감사연습을 해야 합니다. 감사연습으로 에너지가 강화될수록 현실에서 구현 속도가 빨라집니다.

다섯째 원리는 <u>영혼적인 감사</u>입니다. 나는 의식적이고 영혼적인 존재입니다. 영혼의 메시지는 머리의 생각이 아니라 가슴의 느낌으로 주어집니다. 가슴을 열고 영혼이 깨어나도록 허용해야 합니다. 머릿속에서 분주하게 일하고 있는 마음은 가슴을 이해하지 못합니다. 이해가 안 되더라도 가슴의 메시지를 받아들이고 따라야 합니다. 영혼이 실질적인 창조자이며 내 삶의 주인공입니다. 마음은 몸을 통제하고 인생의 여정을 헤쳐 나가는 주인공처럼 행세를 하지만, 실제는 뇌신경망을 기반으로 작동하고 있는 인공지능 기반의 생화학 컴퓨터에 불과합니다. 호흡과 이완으로 마음을 끄고 더 높은 자아의 영역까지 들어가려면 뇌파를 낮추는 연습을 해야 합니다. 시끄러운 마음을 꺼야만 더 높은 자아와 만나 지혜로운 영감을 받을 수 있습니다. 고요한 침묵의 공간에서 감사상태로 머물 수 있도록 연습해야 합니다.

감사연습의 대상은 나의 몸과 마음, 영혼과 더 높은 자아입니다. 나 이외의 다른 사람들과 외부 세계는 감사연습의 대상이 아닙니다. 외부에 대한 감사는 나에 대한 모든 문제들이 다 해결된 이후에 해도 늦지 않습니다. 감사의 원리를 이해하고 원리대로 연습해야 감사의 효과를 얻을 수 있습니다.

03 감사연습의 3단계

감사연습 내용을 기록할 노트를 준비합니다. 노트 대신 블로그나 SNS를 활용해도 됩니다. 일정한 장소에서 매일 같은 시간에 감사연습을 반복하면 더 효과적입니다.

1단계 감사선언(affirmation)

3~5가지 감사목록을 작성합니다. 감사하는 마음을 담아 감사목록을 소리 내어 선언합니다. 말로만 하는 감사가 아니라 가슴에서 우러나오는 느낌이 동반되어야 합니다. 감사선언 문장은 다음과 같은 원칙을 고려해 작성합니다.

첫째, 주어와 서술어를 사용하여 간단하고 명료하게 작성합니다. 주어는 '나는(또는 내가)'으로 시작합니다.

"나는 항상 언제 어디서나 모든 것에 감사합니다. 나는 오늘 아이들과 즐거운 시간을 보내 감사합니다. 나는 사업이 성공적으로 진행되고 있어 감사합니다."

다른 사람, 일, 사물, 자연 등은 주어로 사용하지 않고 목적어로 사용합니다. 다른 사람에게 원하는 감사는 실제로 거의 이루어지지 않습니다.

'남편이 나를 행복하게 해주어서 감사합니다'라고 감사선언을 하더라도 남편이 바뀌지 않습니다. 남편을 바꿀 수 있는 유일한 방법은 내가 바뀌는 방법밖에는 없습니다. '나는 남편을 행복하게 해주고 있어서 감사합니다'라고 선언하고, 실제로 남편을 행복하게 해주면 남편도 나를 행복하게 해줄 것입니다.

둘째, 현재형으로 작성합니다. 과거나 미래에 관계없이 마치 지금 여기에서 일어나고 있는 것처럼 작성합니다.

어제 가족과 즐거운 시간을 보낸 기억을 떠올리고 있는 지금 이 순간은 현재입니다. 지금 이 순간의 느낌을 감사로 표현합니다.

"나는 가족과 즐거운 시간을 보내 감사합니다."

내일 세미나가 진행되지만, 세미나를 떠올리는 순간, 미래의 기억을 현재로 가져오고 있는 것입니다. 지금 이 순간의 느낌을 감사로 표현합니다.

"나는 세미나가 성공적으로 진행되고 있어 감사합니다."

셋째, 금지어나 부정어 대신 긍정문으로 작성합니다. 부정적인 선언도 결국 뇌에 들어가면 긍정으로 바뀝니다. '나는 사업에 실패하지 않아 감사합니다'라고 선언하지만 사업 실패라는 말이 뇌리에 각인됩니다. 담배를 끊겠다고 생각하면 담배가 더 생각나는 것처럼, 부정이나 금지는 긍정보다 더 강한 인상을 남깁니다.

'나는 담배를 끊어서(피우지 않아서) 감사합니다'를 '나는 담배를 잘 조절하고 있어 감사합니다'로 하면 조절 능력이 향상될 것입니다.

'나는 우울하지 않아서 감사합니다'를 '나는 기분 좋은 하루를 보내 감사합니다'로 하면 우울 대신 기분 좋은 생각에 더 집중할 것입니다.

넷째, 조건문이나 가정문 대신 무조건적 문장으로 작성합니다. '나는 오늘 매출이 늘어나면 감사하겠습니다'를 '나는 사업이 잘 진행되고 있어 감사합니다'로 조건이 없는 문장으로 작성합니다.

매출이 많든 적든 상관없이 감사의 힘이 커지면 자연스럽게 매출도 향상될 것입니다. 매출이 늘어나는 조건만 감사하면, 매출이 늘어나지 않는 조건은 불평하게 됩니다. 양 측면을 모두 감사하면, 매출이 줄어들어 걱정하는 마음은 정화되어 사라지고, 매출이 늘어나 행복한 마음은 더 커집니다. 감사는 두 가지 작용이 동시에 일어납니다.

감사노트에 작성한 감사목록을 선언하고 그 내용을 충분히 느껴봅니다. 마치 그것이 지금 여기에서 일어나고 있는 것처럼 상상합니다. 목소리는 의식이 점유하는 물리적 공간에 충분히 전파되도록 소리 내어 선언합니다. 작은 공간에서는 작은 소리로, 넓은 공간에서는 큰 소리로 선언합니다. 지금 감사연습을 하는 공간에 있는 책상, 컴퓨터, 화분, 침대 같은 사물들에게 내 목소리가 충분히 들리도록 크게 선언합니다.

감사노트는 아침에 일어나면 바로 작성합니다. 오늘 하루를 감사하는 마음으로 즐겁게 시작하면 몸과 마음도 건강해지고 원하는 것도 잘 이룰 수 있게 됩니다.

매일 아침에 연습을 하면 하루를 의도한 대로 보내는 데 도움이 됩니다. 저녁에 연습을 하면 하루를 반성하고 내일을 계획하는 감사연습이 될 것입니다.

감사는 웃음과 한집에 삽니다. 웃음은 타고난 본성입니다. 아무것도 배우지 않은 아기도 미소를 짓고 웃습니다. 밝고 긍정적인 감사도 자연스러운 감정입니다. 하지만 무조건적인 감사는 연습을 해야만 할 수 있습니다.

처음 연습을 시작하면 감사노트를 어떻게 써야 할지 모르겠다고 말하는 분도 있습니다. 처음에는 그냥 생각나는 대로 자유롭게 써도 됩니다. 감사할 대상이 잘 안 떠오르는 분은 감사의 이유와 느낌을 찾아보는 연습을 먼저 합니다.

1. 감사를 느끼게 한 과거기억을 3~5가지 적어봅니다.
2. 감사를 느끼게 된 세부적인 이유를 적어봅니다.
3. 감사하는 마음이 나의 기분과 삶을 어떻게 변화시킬 것인지 적어봅니다.

2단계 오늘의 감사연습(appreciation)

1. 깊게 호흡하면서 몸과 마음을 머리부터 발끝까지 이완합니다.
2. 생각을 멈추고 내면의 안전공간으로 들어갑니다.

3. 마음이 편안해졌다면 감사주제에 대하여 숙고해 봅니다.
4. 숙고한 내용을 감사노트에 기록합니다.
5. 감사연습을 하면서 체험한 느낌, 감정과 생각, 몸의 변화 등을 자세히 기록합니다.

3단계 감사기도(pray)

감사연습을 마치고 감사기도를 합니다. 감사기도는 자신의 근원과 연결하여 생명의 빛을 내려받는 기도입니다.

사랑하는 나의 근원이여!
생명의 빛으로 나의 몸과 마음을
완전히 정화해 주셔서 감사합니다.
진실로 그렇게 됩니다. 진실로 그렇게 됩니다.
진실로 그렇게 됩니다.
감사합니다.

근원을 자신이 원하는 종교적 신념에 맞게 하나님이나 부처님 등으로 바꾸어 표현해도 됩니다. 감사기도 내용을 감사연습 주제에 맞게 변형할 수 있습니다.

사랑하는 나의 근원이여,
생명의 빛으로 나의 두려움을 정화해 주셔서 감사합니다.
두려움이 정화됩니다. 두려움이 정화됩니다.

두려움이 정화됩니다.
감사합니다.

감사기도를 하면서 몸과 마음 안에 생명의 빛이 가득 채워지는 것을 상상합니다. 그리고 진실로 그렇게 되고 있는 이 순간을 느끼면서 선언합니다.

근원은 사랑입니다. 모든 것이 하나의 사랑에서 시작되었습니다. 사랑이 주는 빛과 생명의 에너지가 몸과 마음에 들어오도록 허용합니다. 생명의 빛은 고차원의 에너지입니다. 몸과 마음을 정화하고 생명의 빛으로 충만하게 채워줍니다.

감사기도는 고차원의 에너지를 몸과 마음의 통로로 받아들여 물리적 현실로 가져오는 창조 행위입니다. 자기 현실은 자신이 창조한 것입니다. 자기 현실에 기쁨, 건강, 풍요를 채우는 책임은 자신에게 있습니다. 자기 현실의 창조자로서 당당하게 에너지에게 명령합니다. 명령한 대로 에너지는 일합니다.

04 자기변형의 원리

감사로 자신을 바꾸고 싶다면 얼마나 연습을 해야 할까요?
자기변형 과정을 이해하면 감사연습을 얼마나 해야 하는지 알게 될 것입니다.

3초의 자각

지금 이 순간, 적어도 3초 이내에, 내가 지금 과거기억으로 살고 있는지, 아니면 미래기억으로 살고 있는지 의식적으로 알아채야 합니다. 과거기억을 반복해서 재생하고 있다면 감사로 정화해야 합니다. 최대한 신속하게 정화하고, 의식의 초점을 미래기억으로 옮겨갈 수 있어야 합니다. 감사는 자각에서 시작됩니다. 자신을 객관적으로 바라볼 수 있는 자각의 힘을 키워야 합니다.

15초의 감사에너지

최소 15초 이상, 감사에 집중합니다. 감사에 집중할수록 점점 에너지가 충만해질 것입니다. 기분 좋은 상상과 함께 감사하는 마음을 15초 이상 유지합니다. 감사상태가 되면 몸은 편안하게 이완되고, 마음은 밝아집니다. 감사에너지는 빛이나 열감, 전율 등 다양한 신체 감각으로 느껴질 수도 있습니다.

1분의 감사상태

매일 연습을 반복하면, 1분 동안 감사상태에 머물 수 있게 됩니다. 1분 동안 감사에너지를 느끼고 집중하면, 원하는 것을 물리적인 현실에 구현할 수 있습니다.

30분의 감사연습

매일 30분 정도 연습하면, 감사연습이 단기기억으로 저장됩니다. 30분 이상 의식적으로 집중하면, 감사연습이 중요한 의미를 갖는 기억으로 분류되어 저장됩니다. 잠자는 동안, 해마에서 단기기억이 장기기억으로 전환됩니다.

21일의 뇌신경망 형성

하루도 빠지지 않고 21일 동안 반복해서 연습하면, 해마의 기억이 대뇌피질의 장기기억으로 이동합니다. 대뇌의 신경망에 장기기억을 담당하는 새로운 신경세포가 형성되고, 시냅스 네트워크가 재배선되기 시작합니다. 마음의 밭에 감사의 씨앗(신경세포)이 싹트고 있는 상태입니다. 감사의 나무로 성장할 때까지 감사에만 집중해야 합니다. 의식적으로 감사의 나무에 에너지를 주지 않으면, 주위의 부정적인 나무들의 방해로 감사의 나무가 자라지 못하고 소멸될 것입니다.

6개월의 습관 형성

적어도 200일(약 6개월) 동안 꾸준히 연습하면, 뇌신경망에서 감사의 나무들로 된 숲이 형성됩니다. 감사의 숲(신경세포망)은 새로운 인격(성격), 새로운 감정을 의미합니다. 6개월 동안 감사연습을 반복하는 동안, 하부의식에도 감사하는 습관이 프로그램될 것입니다. 감사습관이 만들어지면 나도 모르게 매 순간 감사하고 있는 자신을 발견하게 됩니다. 바쁘게 생활하는 도중에도, 잠시 휴식하는 시간에도, 항상 감사하는 마음으로 살아가게 됩니다. 감사하는 동안 근원과 연결되어 에너지가 충전되고, 기분도 좋아집니다. 감사연습은 잃어버린 기쁨을 다시 회복해 줍니다. 기쁨은 영혼의 본성이며 신성한 본질입니다. 기쁨을 누리는 삶은 이때부터 시작됩니다.

3년의 새몸 형성

　마음의 변형은 6개월 이상이면 충분하지만, 몸의 모든 세포가 변하는 데는 7~11년 정도 걸립니다. 약 3년 정도면, 몸을 불편하게 만든 낡은 세포는 다 정화될 것입니다. 감사는 새로운 의식으로 확장하는 것을 의미합니다. 새로운 의식은 새로운 세포로 표현되어야 합니다. 새로운 세포로 새몸을 만드는 데 최소 3년의 시간이 필요합니다.

# 감사연습 Q&A

감사연습을 선택해야 하는 이유는 무엇인가요?

나는 선택하는 창조자입니다. 나의 삶의 모든 것은 스스로 선택하고 책임을 져야 합니다. 감사연습도 나의 선택으로 시작해야 합니다. 다른 사람의 권유와 눈치 때문에 어쩔 수 없이 시작하면 좋은 결과를 얻을 수 없습니다.

기분이 좋아지고 싶다면 기다리지 말고 의식적으로 감사를 선택하고 실천해 보세요. 감사를 반복하면 감사할 일들이 내 삶을 채우기 시작합니다. 지금까지 불행한 삶을 살아왔더라도 행복을 즉각적으로 선택할 수 있습니다. 감사는 어떤 상황에서도 행복으로 안내합니다. 상황이 바뀌기를 기다리거나, 다른 사람이 먼저 바뀌기를 기다린다면, 평생을 기다려야, 겨우 몇 번의 행운을 맞이할 것입니다. 지금 당장 감사를 선택한다면, 운을 기다릴 필요가 없이, 원하는 상태로 바로 전환할 수 있습니다.

처음에는 감사를 표현해도, 나에게 불평하거나 짜증 내는 사람들 때문에 상황이 악화되거나 효과가 없는 것처럼 느낄 수 있습니다. 하지만, 그런 방해와 저항을 이겨내고 계속 감사하는 마음으로 그 사람을 대하면 상대방도 바뀌게 됩니다. 감사에 저항하는 상대를 만났다면 오히려 그 상황을 즐겨야 합니다.

감사연습은 자신을 발견해 가는 과정입니다. 나에게 감사하고 나를 알아가는 기쁨을 느끼게 해줄 것입니다. 숨겨진 나의 잠재 능력을 끌어내 사용할 수 있게 됩니다. 점차 자신의 힘을 되찾고 자신감도 회복하게 됩니다.

감사는 외부에서 주어지지 않습니다. 사람들이 나에게 감사해 줄 것이라고 기대하고 기다린다면 오히려 역효과만 체험할 것입니다. 감사는 내부에서 나옵니다. 내 안에서 감사의 힘이 솟아나 외부로 뻗어 나가는 것입니다. 감사에너지에 집중하면 마치 레이저처럼 강력해집니다. 모든 부정적인 생각을 긍정적으로 바꿔버리고, 어둠의 에너지도 물리쳐 줍니다.

돈이나 건강을 원한다면 감사연습이 최고의 도구가 될 것입니다. 돈에 대하여 감사하면 돈에 대한 감사에너지가 강화되어 돈이 풍성해지는 현실로 바꾸어줍니다. 하지만 돈에 대하여 불평불만만 늘어놓고 있다면 돈은 점점 멀어져 갑니다. 부자들은 돈에 대한 긍정 에너지가 돈을 끌어온다는 사실을 알고 있습니다. 감사연습은 부자의 마음을 키워주고 부자로 만들어줍니다. 건강도 위와 마찬가지입니다.

강력하게 선택하면 잠재성의 바다에 파동에너지가 태풍처럼 일어납니다. 감사의 파동이 감사할 일이나 감사할 사람을 끌어올 것입니다.

감사의 파동을 일으키려면 얼마나 감사에 집중해야 할까요?

최소 1분간 감사하는 마음으로 기분이 좋은 상태를 유지할 수 있다면, 나의 내부에 감사파워가 충전됩니다. 3분간 감사상태를 유지하면 감사의 파동이 외부로 발산됩니다. 감사에너지는 온 우주에 전파되어 소식을 전할 것입니다. 나의 소망을 담은 감사에너지가 사람들에게 전달되고, 보이지 않은 존재들에게도 전달됩니다. 나의 소망을 실현시켜 줄 귀인을 만나고, 절묘한 동시성으로 소원이 이루어지는 신기한 체험도 할 것입니다.

감사연습을 해도 감사에너지가 느껴지지 않으면 어떻게 할까요?

사랑에 빠진 듯이 감사연습을 해야 합니다. 사랑에 빠지면 자연스럽게 사랑하는 사람에게 감사하고 사랑하는 사람을 기쁘게 해주려고 노력합니다. 마찬가지로 감사연습에 빠져야 에너지가 발생합니다. 감사는 가슴의 사랑과 열정에서 나옵니다.

감사에너지를 느끼기 어렵다면, 사랑에 빠졌던 기억을 떠올려 봅니다. 사랑할 때 가슴이 뛰고 행복했던 것처럼 감사할 때도 기분이 좋아져야 합니다. 사랑에 빠지면 한 사람에게만 집중적으로 사랑의 에너지를 사용하게 됩니다. 하지만 감사는 모든 것에 무조건적인 사랑의 에너지를 사용하는 것입니다. 사랑은 가슴을 두근거리게 할 만큼 강렬한 감정을 사용하지만, 감사는 평온하게 감정을 사용합니다.

감사로 정화작업을 할 때는 일상의 감사 수준을 넘어 사랑만큼 강렬하게 에너지를 사용해야 할 때도 있습니다. 강렬한 감사에너지를 사용해야 어둠을 정화하고 빛으로 채울 수 있습니다.

05 어떤 생각에 초점을 맞출 것인가?

마음은 쉬지 않고 생각합니다. 마음은 다차원의 우주 정보와 잠재성을 수신하여 전자기적인 신호로 변환하여 증폭합니다. 또 몸 안에서 느껴지는 감정과 감각정보를 언어로 번역하여 생각을 만들어내고, 그 생각을 우주로 송신합니다. 대뇌의 마음 컴퓨터는 생각의 송수신기이면서 증폭기 역할을 합니다. 대뇌의 마음은 에너지와 정보를 언어로 번역하는 역할도 합니다. 마음은 하루에 오만가지 생각을 하고 있습니다. 의식적으로 의도를 가지고 특정한 생각을 하지 않는다면, 마음은 매 순간 무의식적으로 잡다한 생각을 반복하고 있습니다.

마음은 치유할 수 없습니다. 마음은 멈추지 않습니다. 따라서 마음을 잘 사용하려면 훈련해야 합니다. 대뇌에서 일어나는 무의식적인 생각을 바꾸려면 많은 연습이 필요합니다.
내가 의식적으로 어떤 생각에 초점을 맞추느냐에 따라 생각이 바뀌게 됩니다. 내가 밝고 긍정적인 생각에 초점을 집중한다면, 대뇌의 신경망은 긍정적인 생각을 강화하는 방향으로 형성되어 갑니다. 내가 어둡고 부정적인 생각에 초점을 집중한다면, 부정적인 생각을 강화하는 뇌신경망이 구축됩니다.

마음은 너무 쉽게 부정적인 생각에 빠져듭니다. 마음은 아주 예민하게 외부의 부정적인 생각을 끌어당깁니다. 하지만 내가 의도적으로 감사에 초점을 맞추고 반복해서 감사만 생각한다면 점차 감사하는 마음이 커져갑니다. 지금은 상황이 힘들더라도, 그 상황에 관계없이 무조건적으로 감사에만 초점을 맞추고 그것만 생각한다면, 점차 감사할 만한 일들로 채워진 현실로 이동해 갈 것입니다.

3차원의 현실은 뇌신경망의 정교한 프로그램이 만들어냅니다. 두뇌의 마음이 없다면 우리는 3차원의 현실을 전혀 볼 수도, 들을 수도, 생각할 수도 없을 것입니다.

이런 관점으로 보면 내가 경험하는 물리적 현실은 마음에 의해서 창조된다고 할 수 있습니다. 보다 나은 현실을 원한다면 마음을 바꾸어야 합니다. 감사연습은 뇌신경망을 재배선하고 재형성하는 방식으로 마음을 변화시킵니다.

06 감사연습의 효과를 보지 못하는 이유

감사연습을 열심히 반복하면서 꾸준히 실천해도 소원이 이루어지지 않는 이유는 영혼의 느낌이 없이 머리로만 감사연습을 하려고 애쓰기 때문입니다. 감사연습을 억지로 하면 흥미도 없고, 재미도 없으며, 즐겁지도 않을 것입니다. 기분 좋은 느낌이 동반되지 않으면 얼마 되지 않아 포기하게 됩니다. 감사연습을 저항하는 감정이 일어난다면 내면을 잘 살펴보아야 합니다. 만약 자신의 일부가 변화를 거부하고 있다면, 그런 측면도 감사로 정화해야 합니다.

또, 자신의 신념 체계를 살펴보아야 합니다. 감사연습에 대한 신뢰가 없다면 당연히 열정도 일어나지 않을 것입니다. 나를 변화시키려는 의도가 분명하지 않고, 자신이 바뀔 수 있다는 긍정적인 믿음도 없다면, 감사연습에 대하여 의구심만 쌓여갈 것입니다. 감사연습의 원리와 방법을 잘 이해하지 못하고 막연하게 연습에 임한다면 실패하기 쉽습니다. 게으름의 신경망이 더 지배적인 사람들은 내 인생을 바꾸는 감사연습을 하겠다는 위대한 선택과 실천의 의지가 약할 것입니다.

특히 잠재의식에 각인된 부정적인 신념 체계가 정화되지 않고 있다면 어떨까요? 잠재의식에 저장된 부정적인 과거기억은 찾아내기도 어렵고, 정화하기도 힘듭니다. 투명하고 끈질긴 기억이 감사연습을 무의식적으로 방해하고 있습니다.

감사연습 도중에 떠오르는 이미지나 상상이 분명하지 않은 분도 힘들어할 수 있습니다. 특히 내면 현실이 어둡고 부정적인 기억들로 가득 차있는 경우, 내면을 정화하는 시간이 오래 걸릴 수 있습니다. 선명한 비전으로 미래기억을 떠올리면서 감사로 수용할 수 있어야 합니다. 과거의 기억만 회상하고 과거에만 집착하고 있으면서, 미래는 다른 누군가가 나를 대신해 창조해 줄 것이라 생각하고 기다리고만 있다면, 기다림이라는 시간만 창조될 뿐입니다.

인체의 에너지와 외부를 둘러싸고 있는 에너지장에 각인된 기억정보가 있습니다. 에너지장은 보이지는 않지만 과거의 카르마가 저장되어 있고, 그 카르마에 의해 마이아즘이 형성되어 있다면 감사연습에 방해가 될 것입니다. 심지어는 감사연습으로 활성화된 에너지마저도 카르마의 마이아즘이 흡수할 것입니다. 다른 존재와 텔레파시로 연결되어 있거나, 채널링이나 빙의 등의 영적 장애가 있거나, 과거의 카르마가 해결되지 않은 채로 남아있다면, 생체에너지장에 왜곡이 발생할 수 있습니다. 생체에너지의 흐름이 정체되거나 극성이 역전되어 응축

되면 마이아즘이 될 수 있습니다.

　간혹 생활환경에서 오는 수맥, 전자파, 방사능, 지전류, 살기맥 등의 유해 파장의 영향으로 인체 에너지가 교란되어 생체에너지장의 불균형이 생길 수 있습니다. 에너지의 문제로 감사연습이 잘 안되는 분은 에너지를 리딩하는 상담사의 도움을 받아 문제점을 파악해 보아야 합니다.

　감사연습은 자신의 꿈과 비전, 목표와 계획을 성취하는 강력한 도구입니다. 간혹 감사연습을 하면서 남들에게 자신의 꿈과 목표를 말하거나 누설하는 경우가 있습니다. 꿈과 목표가 완전히 성취될 때까지 다른 사람에게 표출하지 않는 것이 더 유익할 수 있습니다. 대부분의 사람들은 나를 응원하고 지지하겠지만, 일부 사람들의 시기와 질투로 방해받을 수 있기 때문입니다. 곧 성취가 예상되는 상황에서는 더욱 누설하지 않도록 주의해야 합니다.

　감사연습에서 설정하는 목표는 모두 자신에 관한 것이어야 합니다. 나의 현실은 내가 주인입니다. 마찬가지로 남의 현실이나 공동의 현실은 나만의 선택과 노력으로 바꿀 수 없습니다. 감사연습 목표를 잘못 설정한 경우에도 어려움을 겪을 수 있습니다. 다른 사람의 목표를 가져와 마치 나의 목표인 것처럼 감사연습을 하면 안 됩니다.

　깊게 호흡하고 이완한 상태에서 잠시 가슴에 집중하고 느껴봅니다. 그 목표가 진짜 내 영혼이 준 목표가 맞는지 느껴봅니다. 자신의 목표와 부모나 가족이 원하는 목표를 잘 구분해야 합니다. 사회, 공동체, 국가 등 집단의 목표도 배제해야 합니다. 공유하는 지구와 우주, 자연과 날씨에 대한 목표도 마찬가지입니다.

다른 사람이 변화되도록 노력하거나 다른 사람을 도와주려는 목표는 쉽게 성취되지 않을 것입니다. 다른 사람에 대한 목표는 자신에 관한 것이 아니기 때문입니다. 예를 들어 배우자에게 이래라저래라 평생 잔소리를 하면서 조언을 하지만, 자신의 배우자를 변화시킨 경우는 거의 없습니다. 변화된 자신의 모습을 보여주어야 상대방도 스스로 바뀌게 됩니다.

마지막으로 자신의 내부에 충돌된 목표들이 있는 경우입니다. 머리의 생각과 가슴의 느낌이 정합되면 좋겠지만, 서로 대립하거나 부조화 상태이면 머리로 세운 계획들은 다 무산될 것입니다. 인간적인 마음은 현실적인 목표를 가지고 있고, 가슴의 영혼은 이상적인 목표를 가지고 있습니다. 이 목표들의 부정합으로 자신이 가야 할 길을 제대로 가지 못하고 실패와 시련을 겪으면서 멀리 돌아가게 됩니다. 또 마음이 세운 목표들끼리 충돌될 수도 있습니다. 예를 들어, '나는 돈을 많이 벌기 위해 열심히 일한다'라는 목표와 '나는 돈과 관계없이 편안하게 살아간다'라는 목표가 내면에서 충돌되면, 어떤 것을 실현할지 헷갈릴 수 있습니다. 유사한 목표들이 서로 충돌되지 않도록 감사선언 문장을 수정해야 합니다.

아무런 이유도 없이 감사연습이 잘 안되고, 뭔가 정체된 느낌이 든다면, 크게 한번 웃으면서 막힌 에너지를 털어버립니다. 감사와 웃음은 강력합니다. 웃음이 기분 좋은 상태로 전환시켜 줄 것입니다.

07 머리와 가슴, 어느 것을 따를까?

감사연습은 가슴의 느낌을 따릅니다. 경쟁사회에서 살아남기 위해 머리를 많이 써야 하는 사람들은 가슴을 따르기가 쉽지 않습니다. 머릿속 생각들을 잠시 내려놓고 가슴으로 느끼며 감사하는 것이 어색할 수도 있습니다.

마음은 머리에서 만들어내는 생각과 감정들을 말합니다. 마음의 하부에는 생존을 위한 본능들이 자리 잡고 있습니다. 현재의식의 마음을 에고마인드라고 하고, 하부의식의 마음을 서브마인드라고 합니다.

머리에는 현재의식과 하부의식의 마음이 있고, 가슴에는 영혼이 있습니다. 영혼은 불멸하는 자아이며, 나자신의 씨앗입니다. 가슴을 따르라는 것은 영혼의 느낌과 안내를 따르라는 것입니다. 몸은 죽더라도 영혼은 다른 차원으로 전환하여 그곳에 존재합니다. 영혼의 에센스를 신성이라 부릅니다. 신성은 인간적인 마음이 주인처럼 행세하는 동안 대부분 잠들어 있습니다. 신성은 일하지도 않고 안내하지도 않습니다. 그저 지켜만 볼 뿐입니다. 신성을 사랑하고 신성에게 맡기고 신성에게 자신의 마음을 굴복시킬 때, 비로소 신성이 깨어납니다. 신성을 깨우면 신성한 불꽃이 몸을 밝히기 시작하고 에너지를 공급합니다. 몸은 보이지 않는 생명의 빛으로 충만해집니다.

감사연습은 신성을 깨우고 신성의 빛으로 밝아지게 하는 작업입니다. 내면의 신성, 해처럼 밝은 나를 회복하기 위해서 감사연습을 하는 것입니다. 감사연습은 에고를 강화하는 작업이 아닙니다. 신성을 불러내고 신성으로 하지 않으면 감사는 허무한 메아리와 같습니다. 신성이 창조하고 신성이 구현할 것입니다.

그럼 신성은 어떻게 깨울 수 있을까요? 신성은 인간에게 부여된 자유의지를 존중합니다. 인간 스스로 자유의지를 내려놓고 마음을 비워야만 신성이 마음으로 들어올 수 있습니다. 신성과 마음이 결합되면, 에고의 마음이 업그레이드되어 신성한 마음(Divine Mind)이 됩니다. 신성은 우주의 보편적인 진리인 사랑과 자비(연민)로 가득 찬 창조주의 의식을 말합니다.

신성한 마음이 어둡고 부정적인 마음을 지우고 정화할 것입니다. 신성한 마음으로 사는 것은 아주 어렵고 도전적인 과제이며 용기와 인내가 필요합니다. 신성한 마음을 알게 되면 더 이상 에고의 마음으로 사는 것이 재미없을 것입니다. 신성을 깨우고 신성을 소유하고 신성으로 살아가는 것은 지금까지 삶과는 전혀 다른 삶입니다. 신성이 주는 느낌은 비합리적이고 비선형적으로 보이기 때문에, 적응하는 데 시간이 걸립니다. 신성의 메시지를 감사로 수용하고 받아들이면 나중에 그 의미를 저절로 알게 됩니다.

신성을 우주에서 찾지 마세요. 신성은 자기 내부에 있습니다. 단순하게 신성을 신뢰하고 받아들이면 깨어납니다. 그 느낌은 처음에는 미세하지만 점차 강렬해질 것입니다.

08 감사의 대상은 내부에 있다!

감사연습의 핵심은 신성한 빛으로 자신을 정화하는 작업입니다. 신성은 영혼의 열망과 에고의 허용으로 깨어나고 있습니다. 신성을 신, 하나님, 부처님, 근원, 아버지 등 다양한 이름으로 바꿔 부를 수 있습니다. 어떻게 부르든지 신성은 이미 내재되어 있다는 것만 알면 됩니다.

21일 감사프로젝트와 200일 감사프로젝트를 진행하면서 몸과 마음, 외부 세상과 다른 존재들에게 감사하는 연습을 합니다. 이 과정에서 감사의 대상이 외부에 있는 것으로 착각할 수도 있습니다. 감사의 대상은 내면에 존재하는 신성에게 하는 것입니다. 나의 몸과 마음도 신성을 표현하는 것이므로 감사하고, 외부의 자연과 다른 존재들 또한 신성의 표현이므로 감사하는 것입니다.

돈을 벌어 부자가 되었더라도 돈 자체가 감사 대상이 될 수는 없습니다. 돈을 벌게 해준 신성에게 감사하는 것입니다. 질병을 회복하여 감사할 때도 완전하게 균형 잡힌 건강을 가져다준 신성에게 감사하는 것입니다.

신성이 창조합니다. 그래서 신성이 창조의 근원입니다. 신성은 신성한 원리에 따라 조화롭게 창조하고 있습니다. 몸과 마음의 불균형은 조화의 원리에서 벗어나 에너지가 역전된 상태가 되거나 에너지의 흐름이 정체되어 발생합니다. 신성한 에너지의 파동으로 정화하면 불균형이 해소됩니다. 감사연습은 신성한 에너지로 자신을 스스로 치유하는 연습입니다. 누구도 자신을 대신해 치유해 줄 수 없습니다. 자신의 약점과 결핍으로 생긴 불균형을 스스로 치유해야 합니다. 불균형한 에너지를 정화하려면 그 에너지만큼 강력한 신성의 에너지가 필요합니다. 신성은 감사와 웃음, 사랑의 에너지로 몸과 마음을 정화할 것입니다.

신성이 일하는 것을 방해하는 가장 큰 장애물은 완고하고 고집스러운 에고의 마음입니다. 욕망과 저항으로 집착하고 있는 마음을 내려놓는 것은 상당한 도전이며 용기가 필요합니다. 마음을 비우면 몸과 마음에 변화가 일어나면서 에너지변화증후군이나 명현반응이 일어납니다. 격렬한 에너지 변화로 힘든 분은 상담을 받는 것이 좋습니다.

09 자신을 변화시키는 실질적인 방법

자신을 변화시키는 여러 가지 프로그램에 참여해 보고, 적용도 해보고 느낀 점은 내가 쉽게 변하지 않는다는 것입니다. 결국 일상생활에서 스스로 활용하지 않으면 어제와 같은 오늘을 계속 반복하게 됩니다. 위대한 선택으로 결단을 하고 새롭게 오늘을 창조해야만 합니다. 어제와 다른 오늘을 보내고, 오늘 같은 내일을 또 반복하면 됩니다.

자신을 변하게 할 수 있는 존재는 자신밖에 없습니다. 자신을 믿고 자신의 느낌을 신뢰해야 하는 어려움이 있더라도 도전해야 합니다. 자신을 신뢰하듯이 진리를 신뢰하면 자연스럽게 변화된 자신을 발견하게 될 것입니다.

진리는 보편적이고 부정할 수 없는 원리를 말합니다. 진리는 아주 단순하지만 완전합니다. 사랑과 빛, 생명의 보편적인 진리는 기쁨이나 평안으로 표현됩니다. 진리와 하나가 되면 기쁘지만 진리에서 멀어지면 기쁨도 사라집니다. 누구나 진리를 추구하고 진리로 살아가려고 합니다. 진리가 가장 존재하기 좋은 상태이기 때문입니다.

아주 오래전, 어떤 이유로 진리에서 벗어나는 선택을 하고 자신을 진리에서 멀어지도록 허용했습니다. 진리에 머물지 않고 진리에서 이탈하여 다른 상태를 경험해 보고자 했었습니다. 진리를 부정하고 저항하면서 진리 아닌 불균형 상태를 창조해 냈습니다. 진리에서 벗어나 불균형한 에너지 상태에서 고통, 죄의식, 죽음, 노화, 질병을 만들어 냈습니다. 분노와 슬픔, 걱정과 두려움의 기본적인 감정도 만들어내고 그 감정들이 더욱 복잡하게 섞이면서 우울, 시기, 초조, 부끄러움 등 수많은 감정들을 만들어냈습니다.

마찬가지로 결핍과 부족에 대한 생각들이 더해져 심판과 처벌까지 다양한 생각과 신념이 창조되었습니다. 이런 부정적인 생각과 감정들의 에너지 매트릭스에서 벗어나지 못하고 부정성이 반복되는 삶을 살아가게 되었습니다. 잠시 동안 진리가 없는 상태를 경험하기 위해 도입된 불균형이 없어지지 않고 고착화되어 버렸습니다.

다시 본래의 신성하고 보편적인 진리의 상태로 돌아가려고 해도 쉽지가 않습니다. 아무리 노력을 해도 다시 예전으로 돌아가 버리기 때문입니다. 수많은 세월 동안 고착화된 에너지장이 몸과 마음을 통제하고 있기 때문입니다.

우리의 본성인 신성을 다시 깨닫는 것은 쉬울 수 있지만 신성으로 돌아가는 것은 많은 노력이 필요합니다. 신성과 마음이 쉽게 부조화 상태로 빠지기 쉽기 때문에 어려운 것입니다. 마음을 보편적인 진리와 대조하여 일치하는 경우만 가슴의 메시지를 따라야 합니다. 머리의 생각이나 가슴의 느낌이 보편적 진리에서 벗어나 있으면 감사로 정화해야 합니다.

보편적인 진리에 부합되는 것만 선택하고 긍정적 실현원리에 의해 구현해 가야 합니다. 예를 들어, 내가 누군가에게 불평하는 생각이 들고 화가 난다면, 이 생각과 감정이 보편적인 진리와 정합하는지 숙고해 봐야 합니다. 당연히 보편적인 진리가 아니므로 불평과 화는 정화하고, 그 대상에게 감사하는 생각과 사랑의 감정을 일으키도록 반복해서 감사연습을 해야 합니다.

보편적 진리에 부합되는 감정은 사랑, 기쁨, 평안, 자비(연민), 행복, 만족, 자유, 열정, 신뢰로 표현됩니다. 진리에 부합하는 감정을 기준으로 마음에서 일어나는 생각을 분별해야 합니다.

진리에 부합하는 생각을 마음을 품고 있으면 긍정적 실현원리에 의해 진리에 부합하는 현실이 창조되어 다가오게 됩니다.

10 긍정적 실현원리
(Positive Manifestation Principle)

우주는 긍정적 실현원리로 작동하고 있습니다. 내가 사랑을 꿈꾸고 사랑을 말하고 사랑의 에너지를 방사하고 있다면, 우주는 긍정적으로 사랑을 받아들여 사랑을 체험할 수 있는 현실을 창조해 줍니다. 마찬가지로 내가 불평불만을 토로하면서 짜증의 에너지를 방사하고 있다면, 우주는 불평불만을 긍정적으로 받아들여 불평불만을 체험할 수 있는 현실을 창조해 줍니다.

내가 체험하고 있는 현실은 내가 우주에 요청한 결과물입니다. 감사연습을 해도 좋은 효과를 보지 못하고 있다면, 실제로 우주에 어떤 것을 주문하고 있는지 살펴보아야 합니다.

말로는 행복을 원한다고 하지만, 진짜 속내는 행복하고 싶지 않다면 우주는 어떤 것을 실현시켜 줄까요?

'나는 건강과 행복을 원합니다'라고 말하지만, '나는 평소에 긍정적으로 생각하거나 말하지도 않는다. 나는 건강하지도 않으며 행복감이나 만족감이 느껴지지도 않는다'라는 생각이 머릿속에서 맴돕니다. 내가 매 순간 무의식적으로 반복하고 있는 주된 생각이 우주에 반영됩니다.

내가 창조하고 싶은 것과 내가 실제 경험하는 것이 다른 이유는 아직 하부의식이 정화되지 않아, 과거기억이 저항하고 있기 때문입니다. 누구나 건강, 행복, 풍요, 평안, 감사를 실현하고 싶어 합니다. 하지만 지금까지 쌓아온 결핍과 저항, 불안과 불만, 부정과 의심이 더 강하게 작용하고 있습니다. 그래서 '나는 건강하고 풍요롭다'라고 외치고, '감사합니다'를 말할수록 내면은 저항하고, 오히려 반대의 느낌을 자아냅니다. '내가 원하는 것이 아닌 것 같다, 내가 진짜 그렇게 하고 싶은지 모르겠다, 내가 할 수 없을 것 같다'라는 부정적인 생각들이 더 강하게 떠오를 것입니다.

바로 이 지점이 선택과 허용이 필요한 순간입니다. 위대한 선택은 하지 않고 계속 이런 부정적인 상태에 머무르면, 감사연습을 해도 에너지는 계속 정체되기만 하고, 유익한 효과도 볼 수 없게 됩니다. 긍정적인 생각만 수용하고 부정적인 생각은 정화해야 합니다.

진리를 구현하면서 살아갈 것인가, 아니면 부정적인 생각과 감정에 계속 휩쓸려 살아갈 것인가 선택해야 합니다. 진리를 등불 삼아 어두운 망상을 물리치고 두려움과 불안을 극복해야 합니다. 자신의 느낌, 즉 생각과 감정을 따르라고 하지만 그렇게 해서는 안 됩니다. 자신의 생각과 감정이 진리와 정합된 경우만 따라야 합니다. 하부의식에 저장된 과거 정보들은 대부분 오류와 허점이 많은 정보입니다. 과거 정보에서 나오는 생각을 진리로 착각해서는 안 됩니다.

긍정적 실현원리는 긍정과 부정 모두를 그대로 실현한다는 뜻입니다. 부정적인 생각이라도 우주는 긍정적으로 받아들여 부정적인 생각이 실현되도록 한다는 것입니다.

하부의식의 부정적인 기억정보는 표정과 말투로, 무의식적인 행동으로 표현됩니다. 자신을 잘 관찰하고 의식적으로 알아채야 합니다. 나의 내면은 긍정적 실현원리에 의해 현실로 드러납니다. 하부의식을 정화하고, 밝고 긍정적인 내면을 창조하면, 외부의 현실도 긍정적으로 바뀌게 됩니다.

긍정적 실현원리(Positive Manifestation Principle)는 신성한 창조 원리입니다. 뿌린 대로 거두는 자연의 원리와 같습니다. 생각과 말과 행동을 긍정적으로 하면 긍정적인 현실이 창조됩니다. 이 원리대로 몸과 마음을 사용하면 건강하고 행복한 삶을 누릴 수 있게 창조되었습니다. 그러나 언젠가부터 이 원리에서 벗어나는 창조(타락)가 시작되었습니다. 부정적인 생각은 긍정적 실현원리를 무효화시키고, 아무것도 스스로 창조할 수 없도록 창조 능력을 제약할 뿐만 아니라, 에너지를 역전시켜, 카르마와 질병, 노화와 죽음을 만들었습니다.

긍정적 실현원리를 연습하는 방법은 긍정적인 말투연습, 100% 밝고 긍정적인 생각연습, 긍정적인 감정연습, 기쁨이 넘치는 상상연습, 감사연습, 웃음연습, 선택연습 등으로 긍정적 실현원리를 체득해야 합니다. 여기에서는 감사연습을 중심으로 다룹니다.

보편적인 진리의 마음(Universal Mind)과 궁극의 목표

보편적인 진리는 우주의 신성한 마음을 의미합니다. 신이 창조한 우주의 실상은 기쁨, 사랑, 자비, 감사, 행복, 평화, 건강, 풍요를 표현하는 것이며, 이것들은 신성을 지닌 인간이 마땅히 누려야 할 권리입니다. 결핍, 불만, 고통, 두려움, 무기력, 좌절, 불안, 죄의식 등은 신성을 대조적으로 체험하기 위해 허용된 것으로 우리의 본성은 아닙니다. 부정적인 마음을 정화하고 보편적인 진리만을 긍정적 실현원리(PMP)로 구현해야 합니다. 진리에서 벗어난 삶은 항상 어려움과 고난이 따릅니다. 진리를 따르면 삶은 풍요롭고 편안합니다. 보편적인 진리가 인생의 궁극적인 목표가 되어야 합니다.

11 참나와 연결하는 감사연습

대뇌의 마음은 외부 현실에서 들어오는 감각정보를 처리합니다. 대뇌의 마음을 에고마인드라고 합니다. 에고마인드는 하부의 마음인 서브마인드와 연결되어 있습니다. 서브마인드는 에고마인드보다 훨씬 더 빠르게 정보를 처리하고 있습니다. 서브마인드는 진짜 자아인 참나와 연결되어 있습니다. 감사연습은 에고마인드가 서브마인드를 통해 참나와 연결하는 것을 목표로 합니다.

바쁜 일상생활을 하는 동안에는 참나와 연결이 단절된 상태에서 에고마인드가 주인이 되어 살아갑니다. 감사연습은 참나와 항상 연결된 상태를 유지하기 위하여 일상생활을 하면서 연습을 합니다. 청소하거나 요리를 하거나 운전을 하면서도 감사연습을 하고, 일을 하거나 휴식을 취할 때도 감사연습을 해야 합니다.

가만히 앉아서 명상하거나 기도할 때만 참나와 연결한다면, 바쁘게 움직이는 동안에는 참나와 단절되기 쉽습니다. 감사연습은 움직이면서 하는 것이 더 유익합니다. 움직이면서 활동하는 동안에도 하루 종일 감사상태를 유지할 수 있게 됩니다. 참나는 가슴의 영혼과 연결된 더 높은 자아입니다. 참나는 장대한 고차원의 영역에 존재하므로 낮은 에너지의 물질적인 몸에 들어올 수 없습니다. 참나는 인간의 몸과 마음을 이용하여 간접적으로 물리적 현실을 체험합니다.

몸은 서브마인드의 본능과 에고마인드의 생각과 판단에 따라 통제되고 있습니다.

마음은 마치 고성능 인공지능 컴퓨터와 같습니다. 마음이 주도하면 참나는 뒤로 물러나서 지켜만 봅니다. 마음이 참나와 연결을 원하기 전까지는 마음이 하라는 대로 삶을 살아갑니다. 마음은 참나의 아바타이며 참나가 아닙니다. 마음은 생화학적이고 전자기적인 두뇌가 없어지면 사라집니다. 가시적인 3차원의 마음은 사라지더라도, 비물리적인 에너지로 만들어진 영적인 몸과 마음은 그대로 남아있습니다. 3차원의 마음이 비물리적인 마음과 연결되면 고차원의 정보를 수신할 수 있습니다.

참나를 인식하고 참나에 감사하면 마음은 참나와 연결할 수 있습니다. 몸과 마음은 참나의 에너지가 부담이 되기는 하지만 일부를 몸으로 수용할 수 있습니다. 참나의 에너지는 몸에 생명력을 불어넣어 줍니다. 참나로부터 주어지는 영감을 활용하면 더 멋진 창조를 할 수 있습니다. 참나와 연결을 방해하는 것은 마음에 자리 잡은 편협한 신념과 고집불통의 에고, 저항하는 생각과 감정입니다. 마음을 정화하고 비울수록 참나가 들어올 공간이 많아집니다. 감사연습으로 마음을 정화하다 보면 저절로 참나를 만나는 순간이 올 것입니다.

12 이완하면 감사가 쉬워진다

바쁜 일상생활은 긴장의 연속입니다. 몸과 마음이 긴장하면 감사상태에서 멀어집니다. 건강을 위해서라도 몸과 마음을 잠시 이완하고 충분히 휴식을 취해야 합니다. 감사도 이완 상태가 되어야만 느낄 수 있습니다. 이완되지 않으면 잠깐은 감사할 수 있어도 다시 불편한 상태로 돌아가기 쉽습니다. 이완하기를 잘하면 감사하는 것도 쉬워집니다. 이완하면 감사에너지가 돌기 시작합니다.

감사연습을 시작하기 전에 깊은 호흡과 함께 이완연습을 합니다. 바르게 앉거나 서 있는 자세를 취합니다. 아랫배까지 숨을 들이마시는 깊은 호흡을 3회 반복합니다. 내쉬는 호흡에 몸 전체를 이완합니다. 자세를 유지하는 속 근육은 균형 잡힌 상태로 긴장을 유지하고, 겉 근육과 몸속의 오장육부를 의식적으로 이완합니다. 몸에게 '감사합니다'라고 말해주면서, 깊은 호흡을 내쉬면서 이완합니다.

매일 이완연습을 반복하면 몸이 없는 것처럼 가벼워지는 것을 느낄 수 있습니다.

머리부터 발끝까지 내려가면서 자신의 몸 상태를 살펴봅니다.

긴장된 부위를 의식적으로 더 집중해서 이완합니다. 머리, 얼굴, 목, 어깨, 팔, 손, 어깨, 가슴, 복부, 등, 허리, 엉덩이, 허벅지, 장딴지, 발 그리고 땅에 접지하고 있는 발바닥을 차례로 느껴봅니다. 몸의 각 부위에게 '감사합니다'라고 말해줍니다. 얼굴은 미소를 지으며 즐거운 마음으로 감사를 표현합니다. 턱, 목, 어깨, 횡격막, 허리 등은 만성적으로 긴장된 곳이므로 반복해서 이완합니다.

이완연습을 1달쯤 반복하다 보면, 이완하기가 쉬워지고, 이완의 깊은 맛도 느낄 수 있습니다. 평소에 얼마나 긴장하며 살고 있었는지 자각할수록 긴장된 삶에서 점차 벗어나기 시작합니다.

이완은 바른 자세를 취해야 잘됩니다. 바른 자세는 어떤 행동을 하든지 상관없이 몸의 균형을 유지하는 것을 말합니다. 반드시 이렇게 자세를 취해야 한다는 정해진 규칙은 없지만, 몸은 이완되어도 힘이 빠지지 않게 하는 자세가 바른 자세입니다. 자세가 바르면 호흡도 깊어지고 이완도 잘됩니다.

이완이 잘 안된다면 좋은 물과 소금, 오일, 비타민과 미네랄 등을 섭취하고, 햇볕을 쬐면서 땅과 접촉하는 접지연습이 필요합니다. 몸과 마음을 교란하는 CTS(갈등, 트라우마, 스트레스), 수맥과 전자파, 다양한 환경 독소를 피하는 것도 중요합니다.

긴장에서 스스로 벗어나기 힘들다면 에너지리딩 상담을 통해 자신의 삶을 점검해 보는 것도 좋을 것입니다.

13 내 삶의 미래, 위대한 선택에 달려있다!

누구나 선택할 때는 신중합니다. 나중에 후회하지 않으려고 신중하게 생각한 후에 결정하려고 합니다. 후회와 실패의 경험을 자주 체험하다 보니, 또 새로운 선택의 순간이 오면, 먼저 걱정과 주저함으로 망설이게 됩니다. 중요한 선택을 해야 하는 경우에는 용기도 필요합니다. 선택을 잘 하는 사람도 있지만, 선택하는 것이 너무 힘든 사람도 있습니다. 선택 장애가 있는 사람은 차라리 누군가가 대신 선택해 주는 것이 편하기도 합니다.

선택하는 자는 창조자이면서 리더입니다. 대부분의 사람들은 남들의 선택과 결정을 따르고 지키는 사람입니다. 그들은 리더가 선택해 준 대로 행동합니다. 선택은 누구나 쉽게 할 수 있는 것이 아닙니다. '오늘 점심은 어떻게 먹을까, 오늘은 어떤 옷을 입을까' 하는 일상의 사소한 선택은 누구나 할 수 있지만, 자신의 삶을 바꿀만한 위대한 선택은 주저하게 됩니다.

선택 장애를 갖고 있다면 감사연습으로 장애 요인을 정화합니다. 선택을 어렵게 하는 심리적, 감정적 저항을 감사로 정화합니다. 그다음에는 아주 작은 선택을 하고 선택한 내용을 감사하는 연습을 합니다. 선택하는 연습으로 점점 더 큰 선택들도 쉽게 할 수 있을 정도로 선택 능력을 키워갑니다.

선택은 명료하고 분명해야 합니다. 선택하는 데 조건을 붙이지 않아야 합니다. 자신이 원하는 걸 3번 이상 충분히 숙고해 본 다음에 단호하게 선택하는 것이 중요합니다. 선택한 후에, 후회를 잘 하는 사람은

3일 정도 기다렸다 선택합니다. 아주 특별한 에너지 구조를 가지고 있는 사람은 1달 정도가 걸리기도 하지만, 대부분은 3일 정도면 적당합니다. 3일이 지나도 선택하는 것이 마음에 걸리지 않으면 선택을 해도 됩니다. 3일이 지나가는 동안 원하는 마음도 사라지고 가슴의 열정도 사라진다면 선택하는 것을 다시 생각해 봐야 할 것입니다.

가슴의 느낌을 따르고, 즉각적이고 분명한 선택을 쉽게 할 수 있는 분은 바로 선택해도 됩니다. 이런 분은 아주 드물기는 하지만 창조자이면서 리더의 자질을 가진 사람입니다. 선택을 한 후에는, 그 선택을 받아들이고 내 삶에서 실현되도록 허용하는 것이 중요합니다. 자신의 선택에 맞게 정합된 행동을 한다면 선택이 더욱 빨리 실현됩니다. 선택과 허용 그리고 실행 능력만이 성공의 비결입니다. 선택하고 실행하지 않으면 아무것도 일어나지 않습니다. 선택한 대로 행동하면, 긍정적 실현원리에 의해 유인력이 작동합니다. 에너지와 영적 도우미들의 후원으로 우연처럼 보이는 동시성을 경험하기 시작합니다.

예전에 내가 했던 선택들에 따라 지금의 삶이 펼쳐지고 있습니다. 더 나은 미래를 원한다면 지금 선택해야 합니다. 내 삶을 바꿀 위대한 선택을 해보세요. 그리고 그 선택을 감사해 보세요. 시간적인 지연은 있지만, 언젠가는 선택의 결과를 받게 됩니다.

14 무조건적인 감사가 가능할까

무조건적인 감사는 자신에게 유익하고 기분 좋게 하는 것만 감사하는 것이 아니라, 자신이 처한 부정적인 상황, 불평, 불만, 나를 힘들게 하는 사람, 스트레스를 주는 업무, 나를 공격하는 상황, 나를 좌절시키고 우울하게 만드는 모든 일들에 대하여 조건 없이 감사하는 것입니다.

긍정적이고 만족스러운 일들, 기쁨과 평안을 느끼게 하는 모든 것은 당연히 감사해야 하지만, 그와 반대가 되는 것도 조건 없이 감사하는 것은 좀 의아할 것입니다. 신성은 부정적이고 어두운 측면도 대조적인 체험을 위해 스스로 허용하였습니다. 따라서 부정적인 측면도 통합하여 하나가 되어야만 완전해질 수 있습니다. 부정적인 측면이 아무런 문제가 되지 않을 때까지 반복해서 감사로 정화해야 합니다.

예를 들어 나를 분노하게 만드는 사람이 있다면, 그 사람에게 '감사합니다'를 말하면서 정화합니다. 그 사람을 생각해도 아무렇지 않고, 실제로 그 사람을 만나도 아무런 감정이 일어나지 않을 때까지 정화합니다. 분노와 적개심은 그 사람의 문제가 아니라 나의 문제입니다. 내 마음의 불편한 감정을 정화하면, 신기하게 상대방도 변화되기 시작하고, 결국에는 갈등도 해결할 수 있게 됩니다.

내 안에서 불편함이 사라지고 밝아질 때까지 반복해서 감사로 정화합니다. 부정적인 것들을 회피하고 저항하는 것은 도움이 되지 않습니다. 저항할수록 부정적인 에너지는 더 커지게 됩니다.

부정적인 에너지를 감사로 정화해야 하는 이유는 바로 에너지가 이원적으로 작동하기 때문입니다. 내 안과 내 주위에 존재하는 에너지는 나의 의식을 반영해 그대로 움직이고 일합니다. 내가 긍정적일 때는 긍정적으로 작동하고, 부정적일 때는 부정적으로 작동합니다. 긍정적인 측면은 긍정에너지를 끌어당기고, 부정적인 측면은 부정적인 에너지를 끌어당기게 됩니다.

내가 긍정적인 에너지만을 끌어당기고 있다고 생각하지만, 실제로는 나의 부정적인 측면도 함께 부정적인 에너지를 끌어당깁니다. 부정적인 에너지 때문에, 내가 원하는 대로 이루어지지 않고 오히려 그 반대로 창조되어, 결국에는 자신을 더 힘든 상태로 만들어버립니다.

에너지의 작동 원리를 잘 이해하고 긍정과 부정을 넘어서는 것이 중요합니다. 긍정적이든 부정적이든, 상황이 펼쳐지는 대로 감사합니다. 긍정과 부정이 통합되면, 에너지는 내가 원하는 것을 적절하게 끌어올 것입니다.

무조건적인 감사연습이 처음에는 어색하지만, 점점 더 재미가 있을 것입니다. 좋은 일에만 감사하는 것이 아니라, 안 좋은 일에도 조건 없이 감사해 보세요. 아무런 거리낌 없이 흘러가도록 합니다. 무조건적인 감사연습은 상당히 어려운 도전 과제입니다. 감사연습을 하는 과정에서 내면으로부터 올라오는 저항들로 몸과 마음이 일시적으로 힘들 수도 있습니다. 일종의 명현반응처럼 정화 과정이 힘들게 진행될 수도 있습니다. 확고한 의지를 가지고 명료하게 선택하셔야 합니다. 부정적인 것들도 다 감사하겠다고 결심해야 합니다. 절대로 감사연습을 포기하지 말아야 합니다. 도저히 감사하기 힘든 것이라도, 뒤로 미루어놓지 말고 감사해야 합니다. 물러서지 말고, 양보하지 말고, 포기하지 않는 것이 연습의 포인트입니다.

이원성의 의식과 에너지를 잘 이해해야 합니다. 에너지의 한쪽 편만 지지하고 그것만을 선택한다면, 다른 반대편의 에너지는 더욱 거세게 저항해 올 것입니다. 에너지는 본래 극성이 없지만, 의식에 의해 분리되고 극성을 띠게 됩니다. 극성으로 분리된 에너지의 2가지 측면을 다 허용하고 감사해야 합니다.

나의 에너지는 단순히 나의 의식을 반영해서 일할 뿐입니다. 마찬가지로 당신의 에너지는 당신을 위해 일합니다. 내 안과 밖에서 나를 위해 일하고 있는 에너지를 감사로 허용한다면, 에너지의 구현 속도가 점차 빨라집니다. 극성화된 에너지는 마치 자석처럼 자신이 원하는 걸 끌어당길 것입니다. 마찬가지로 내가 원하지 않는 반대의 에너지도 끌려올 수 있습니다. 어떤 에너지가 끌려오든, 저항 없이 그대로 흘려보내면 됩니다.

감사상태는 에너지에 대한 집착과 저항을 내려놓고, 에너지가 잘 흐르도록 허용하는 상태입니다. 긍정적이든 부정적이든 상관없이 잘 흐르기만 하면 아무런 문제가 되지 않습니다. 무조건적인 감사연습으로 에너지가 나를 위해 일하도록 허용해 주세요.

감사연습 Q&A

감사연습을 6개월 동안 하는 이유는 무엇인가요?

6개월(200일)간 감사연습을 실천해야 습관으로 만들 수 있습니다. 일단 21일간 매일 감사연습을 하고 나면, 감사연습이 익숙해져 6개월도 쉽게 할 수 있습니다. 감사하는 마음이 커지고 감사가 완전히 내면화되면 새로운 인격체로 거듭날 수 있습니다. 약 3년 정도 감사를 실천한다면 몸의 세포까지 건강하게 바뀌게 됩니다. 감사의 몸으로 완전히 바뀌는 데는 7~11년 정도 소요됩니다.

감사연습에서 느끼기가 왜 중요한가요?

감사연습은 느끼기와 허용하기가 매우 중요합니다. 감사는 머리의 생각이 아니라 가슴으로 하는 작업이기 때문입니다. 생각하고 판단하기 좋아하는 마음을 잠시 내려놓고 느껴야 합니다. 그리고 있는 그대로 받아들이고 허용해야 합니다. 머리로 너무 신중하게 생각하거나, 부정적인 감정으로 우울한 상태에서는 감사연습이 잘 안됩니다. 뇌신경망에 깔려있는 부정적인 생각과 신념이 감사의 신경세포가 확산되는 것을 방해하기도 합니다. 새로운 신경세포가 완전히 자리 잡으려면 감사에만 집중해야 합니다. 부정적인 생각이 방해할 때는 감사말하기를 1,000번 해보세요. 방해하는 생각이 힘을 잃고 사라질 것입니다. 감사의 생각, 감사의 감정, 감사의 느낌이 모두 하나로 정합되어 일치되어야 감사에너지가 방사되어 나옵니다. 감사상태를 1분 이상 유지할 수 있도록 반복해서 연습해 보세요.

감사가 잘 느껴지지 않으면 어떻게 할까요?

감사는 무조건적이고 전면적이어야 합니다. 때로는 전혀 감사하고 싶지 않을 때도 있고, 감사보다는 짜증이 나고, 미워하고 싶고, 울고 싶을 때도 있습니다. 감사말하기를 열심히 해도 감사의 느낌이 전혀 안 나올 때도 있습니다. 현재 내 몸의 영양과 호르몬이 불균형 상태이거나 컨디션이 좋지 않을 때는 연습하기가 힘들 수 있습니다. 이런 날은 감사가 전혀 되지 않는 것을 감사하면 됩니다. 감사하고 싶지 않은 것을 감사합니다. 짜증 나고 화가 나는 자신에게 감사합니다. 울고 싶은 자신에게 감사합니다. 이렇게 느껴지는 대로 감사하면 됩니다. 모든 것이 다 적절하고 괜찮으니, 아무것도 문제 될 것이 없습니다.

신성한 마음이 되려면 어둠과 부정성까지
통합해야 하는 이유는 무엇인가요?

우주, 원소, 물질, 에너지, 생명 이 모든 것은 하나의 신성을 표현하고 있습니다. 모든 것들의 근원은 하나이며, 그 하나를 신이라 부릅니다. 신은 하나지만 수많은 잠재성을 가진 하나입니다. 분리는 없지만 신의 잠재성이 표출될 때는 분리된 것처럼 보입니다. 물리적으로 하나의 영점장은 분리가 없지만, 입자는 반입자와 분리되어 튀어나옵니다. 잠재에너지도 극성화되면서 둘로 나누어집니다. 둘은 분리된 것처럼 보이나 실제로는 하나에서 나온 것입니다.

신성한 마음, 우주의 마음은 오직 하나밖에 없습니다. 우리가 어둠, 부정, 악이라고 부르는 것은 다 근원에서 보면 다른 측면에 불과합니다. 다만 에너지가 정체되고 막혀서 불균형한 상태가 되는 것이 문제입니다. 에너지를 불균형하게 만드는 원인은 어둠이 나쁜 것이라고 여기는 신념 때문입니다. 신념을 내려놓고 에너지가 자유롭게 일하도록 허용하는 것이 필요합니다. 수용된 에너지는 변형되고 신성에 통합됩니다.

감사의 느낌을 키우는 방법이 없을까요?

인생을 살면서 감사를 느꼈던 순간, 기분이 너무나 좋았던 순간이 한 번쯤은 있었을 것입니다. 그런 과거기억을 다시 떠올려 감사의 느낌을 살려보는 것이 좋을 것입니다. 자신의 내면에 감사와 관련된 자원이 많이 있습니다. 아주 작은 소소한 기억도 좋고, 흥분되고 짜릿했던 순간의 기억도 좋습니다. 감사에너지를 강렬하게 끌어올려 주는 것 중에 하나가 바로 사랑의 순간입니다. 사랑의 기억도 활용하시기 바랍니다.

감사말하기를 1,000번이나 해야 하는 이유는?

'감사합니다'를 한 번만 말해도 감사상태로 전환되는 분은 연습이 필요 없는 감사의 고수입니다. 처음 연습을 시작하는 분은 열정을 다해서 감사말하기를 연습해야 합니다. 현재 꿀꿀한 기분 상태를 감사상태로 전환하고 싶다면 아주 강렬하게 미친 듯이 감사말하기를 해보세요. 나의 감정이나 생각이 부정적으로 흐르고 있는 순간을 자각하면, 바로 감사말하기를 소리 내어 연습해 보세요. 에너지의 흐름을 바꾸어 놓으면, 내가 원하는 대로 운명도 바뀌게 됩니다.

부정적인 생각, 의심하는 생각도 필요합니다. 수많은 가능성을 예측해 보고 문제를 예방하는 과정에서 필요합니다. 모든 검토가 끝나고 선택을 했다면 감사로 창조해야 합니다. 감사선언으로 잠재에너지가 일하도록 명령해야 합니다.

감사연습에 에너지를 일으키는 이유는?

감사연습으로 감사에너지를 촉발하여 주변에 방사해야 합니다. 감사에너지를 내보내면 더 증폭되어 나에게 돌아옵니다. 에너지는 즉각적으로 결과를 가져다주기도 하고, 몇 달이나 몇 년 후에 결과를 가져올 수도 있습니다. 결국 뿌린 대로 다 거두게 됩니다. 감사에너지를 아낌없이 주어야 합니다.

에너지가 없는 감사연습은 고요한 명상에 불과합니다. 내면의 평화를 위해 명상이 필요하지만, 일상생활 중에서는 감사에너지를 나누어 주어야 합니다. 감사에너지는 가슴의 열정에서 나옵니다. 항상 웃으면서 감사를 말로 표현하세요. 에너지는 말과 웃음으로 전달될 것입니다.

말을 바꾸면 행복이 보인다!

말에 인생과 운명이 달려있습니다. 말은 내 몸에서 우주까지 영향을 미치는 가장 강력한 힘입니다. 말을 잘못해서 건강도, 돈도, 관계도 다 잃을 수 있고, 말을 잘해서 건강도, 돈도, 관계도 좋아질 수 있습니다. 말의 에너지는 안으로는 세포에 축적되고, 밖으로는 지구와 우주 공간에 축적되어 내 건강과 운명에 영향을 미칩니다.

그러므로 말을 중요하게 생각하고 말을 잘 써야 합니다. 말쓰기를 잘하면 유익하게 얻는 것이 많습니다. 혹시 자신이 불편한 상황에 처했다면, 내가 그동안 내뱉어 왔던 말들을 잘 살펴보아야 합니다. 무심코 내뱉은 말투가 결국 모든 화의 근원입니다.

말은 창조자인 내가 우주라는 정교한 컴퓨터에게 실행명령을 내리는 것과 같습니다. 우주는 나의 말을 해석하여 좋은 것만 실행하지 않습니다. 나의 말이 부정적이든 긍정적이든 관계없이 말한 대로 실행합니다. 그래서 말을 주의해야 하는 것입니다.

말쓰기의 중요성을 알고 말투를 바꿔보려고 해도 잘 안됩니다. 말투 습관이 하루아침에 바뀌지 않습니다.

순수한 내면의 본성과는 달리, 머리의 마음 안에는 내가 스스로 일으킨 부정적인 생각과 감정, 그리고 사회의식의 영향으로 습관화된 패턴이 촘촘히 자리 잡고 있습니다. 아무리 좋은 말, 기분 좋은 말을 해보려고 해도 주위 사람들이 자극합니다.

이제부터는 긍정적인 말만 해야겠다고 선택하는 순간, 마치 온 우주가 반대하는 것처럼, 부정적인 말, 기분 나쁜 말을 하는 상황이 닥쳐옵니다. 내 결심은 어디론가 떠나버리고 나도 모르게, 또 부정적인 말로 자신을 비하하거나, 남을 비난하거나 불평불만을 늘어놓습니다. 항상 자신과의 싸움에서 패배하고 말지요.

이렇게 반복되는 패배에 희망이나 열정도 사라지고, 몸과 마음은 지쳐만 갑니다. 어떻게 하면 이 상태에서 벗어날 수 있을까요?

에고의 마음을 잘 알게 되면, 에고를 정화하고 새롭게 재건하는 원리를 이해하게 됩니다.
이 원리에 입각하여, 6개월간의 자기 변화 작업을 위한 도전이 필요합니다.

이 작업은 아주 쉬우면서도 강력합니다. 혼자서는 힘들 수 있지만, 함께 작업해 간다면 누구나 쉽게 할 수 있습니다. 당신을 바꿀 위대한 선택과 용기만이 남아 있습니다.

해처럼 밝은 나로 살아가는 사람들을 위한 자기변형 프로그램, 감사연습에 함께 참여해 보세요.

Part 3

21일
감사프로젝트

01 감사연습 전 기초연습

호흡연습

감사연습에서 호흡연습은 가장 중요한 기초연습입니다. 호흡연습은 깊고 부드럽게 천천히 아랫배까지 들이마시고 내쉬는 연습입니다. 의식적으로 들이마시면서 산소와 에너지가 몸 안에 충만해지는 걸 느껴봅니다. 호흡을 내쉴 때 몸 안에 정체된 낡은 에너지와 탁한 찌꺼기가 빠져나가는 것을 느껴봅니다.

깊게 들이마시고 내쉴 때마다, 긴장된 부위가 이완되는 것을 느껴봅니다. 깊은 호흡을 반복하면서 마음도 편안해지도록 연습합니다.

호흡은 마음을 잠시 쉬게 합니다. 호흡은 몸의 긴장을 놓아버리게 합니다. 호흡이 깊어지면 산소가 충분하게 공급되어 세포가 살아나게 됩니다. 기분 좋은 감사상태로 전환하려면 호흡으로 새로운 에너지를 채워야 합니다.

호흡은 에너지를 움직이게 하는 가장 좋은 방법입니다. 호흡은 몸에 생명력을 불어넣습니다. 마음을 차분하게 해주는 잔잔한 음악을 들으면서, 깊고 부드럽게 천천히 아랫배까지 숨을 들이마시고 내쉬면서 호흡합니다. 자세가 바르지 않으면 깊은 호흡이 잘 안됩니다. 바른 자세로 앉거나 선 자세에서 깊게 호흡해 보세요. 머리가 맑고 어깨가 가벼워지고, 활력이 느껴진다면 연습을 잘 하고 있는 것입니다. 가슴이 답답하고 머리가 무겁다면 호흡연습을 잘못하고 있는 것입니다. 불안과 긴장 상태에서는 호흡의 중심이 위로 올라가 호흡이 짧고 약합니다. 이완된 상태에서는 호흡이 아래로 내려가 길어집니다. 깊은 호흡연습은 감사연습 전에 반드시 해야 합니다.

호흡연습이 잘되어야 나중에 감사에너지를 촉발하는 호흡법과 미래비전에 에너지를 불어넣는 호흡법을 할 수 있습니다. 호흡이 잘되어야 감사연습에서 창조연습으로 나아갈 수 있습니다. 호흡연습은 매일 반복하여 반드시 숙달해야 합니다.

이완연습

몸이 굳고 긴장되어 있으면 감사상태를 제대로 느낄 수 없습니다. 긴장된 부위를 이완하고 안전공간에 들어가는 연습을 함께 해보겠습니다.

눈을 떠도 되고 반쯤 감아도 됩니다. 처음 연습하는 분은 눈을 감고 하면 집중하기가 쉽습니다. 바닥과 닿는 부분의 압력을 느끼면서 접지합니다. 몸의 각 부위의 긴장과 이완을 충분한 시간을 두고 느껴야 합니다. 깊게 호흡하면서 들이마시고 내쉽니다. 머리에서 시작하여 발바닥까지 몸의 각 부위를 의식하면서 이완합니다. 숨을 들이쉬고 내쉬면서 의식적으로 이완합니다. 두피부터 발가락까지 내려가면서 각 부위를 이완한 후에, 몸 전체를 이완합니다.

몸을 이완하는 순서

두피 → 뇌 → 이마 → 눈썹/눈동자 → 코 → 입/혀 → 턱/뺨 → 목/뒷목 → 어깨 → 위팔 → 아래팔 → 손목 → 손바닥 → 손가락 → 어깨 → 가슴(폐, 심장) → 윗배(비위, 간담) → 아랫배(대장, 소장, 신장, 방광, 자궁) → 등 → 허리 → 엉덩이/고관절 → 허벅지 → 무릎 → 종아리 → 발목 → 발바닥 → 발가락 → 몸 전체

몸의 각 부위와 몸 전체를 차례로 이완한 후, 침묵의 안전공간에 들어갑니다. 숨을 들이마시고 내쉬면서 몸 전체가 완전히 이완되어 종이처럼 가벼워지는 것을 느낍니다. 다시 숨을 들이마시고 내쉬면서 몸이 거의 느껴지지 않을 정도로 몸을 이완합니다. 마지막으로 숨을 들이쉬고 내쉬면서 몸이 완전히 사라지고 의식만 명료하게 존재하는 상태를 느낍니다. 의식만 존재하는 고요한 침묵의 공간에서 충분히 휴식합니다. 안전공간에서 몇 분간 휴식한 후, 손가락과 발가락을 서서히 움직여 봅니다. 눈을 떴다 감습니다. 점차 몸을 느끼면서 다시 현재의식으로 돌아옵니다.

참고로 눈, 턱, 목, 어깨, 횡격막, 허리는 긴장이 잘되는 부위이므로 여러 번 반복해서 이완하는 것이 좋습니다.

02 감사연습 들어가기

> 바른 자세 → 호흡 이완 → 접지 → 웃음 →
> 감사선언 → 감사연습 → 감사기도

 감사연습을 하기 전에 바른 자세를 취합니다. 바른 자세는 서 있거나 걷거나 앉거나 행동할 때 가장 편안하면서도 척추와 목에 무리가 가지 않는 자세입니다. 자세가 무너지면 기분이 좋지 않아 감사연습에 방해가 됩니다. 평소 자세가 안 좋은 경우에는 전문가의 도움을 받아 바른 자세 연습을 집중하는 것이 좋습니다.

 바른 자세를 취하고 몸 전체를 이완합니다. 머리부터 발끝까지 자신의 몸을 느껴보고 긴장된 곳을 이완해 줍니다. 이완이 잘되면 호흡이 깊어집니다. 깊게 호흡하면서 몸에 충분한 산소와 에너지를 채웁니다. 깊은 호흡으로 이완하는 과정에서 몸의 중심이 지면으로 내려가 접지가 되게 합니다. 접지가 되면 상허하실, 수승화강이 잘되어 에너지의 흐름이 원활해지고 몸도 상쾌하고 가벼워질 것입니다. 밝은 미소나 웃음으로 기분 좋은 감사상태를 만듭니다.

 몇 분간 기초연습을 한 후에, 오늘의 감사주제에 대한 감사연습을 시작합니다. 감사연습은 앉아서도 해도 되지만 걸으면서 하면 더 유익합니다. 생각과 말과 감정을 하나로 정합시키고 감사에너지를 느끼면서 연습에 집중합니다.

 감사연습을 시작한 후 최초 3일이 가장 어려운 시기입니다. 작심삼

일이라는 말처럼 3일 안에 포기하는 경우가 많습니다. 하지만 3일 동안 감사연습을 반복하면, 새로운 흥미와 도전하고 싶은 욕구가 생기게 됩니다. 21일 동안 하루도 빠지지 않고 연습을 반복하면 뇌의 기억장치인 해마에 저장됩니다. 이제부터는 감사연습이 저절로 생각나고 습관적으로 연습을 하고 있을 것입니다.

 최소 3개월에서 6개월 동안 지속적으로 연습을 하면, 대뇌의 장기기억장치에 저장되어 무의식적으로 감사를 실천할 것입니다. 21일 감사프로젝트는 뇌신경망에 감사 프로그램을 설치하는 과정입니다. 21일 동안 매일 연습을 반복해서 실천해야 합니다. 하루라도 연습을 하지 못하게 되면, 다시 1일 차부터 다시 시작합니다. 21일은 새로운 신경세포를 만드는 기간이므로 열정을 다 쏟아야 합니다. 21일이 지나면 기억에 저장되어 있어 6개월 동안 편안하게 연습하실 수 있게 됩니다.

 감사연습으로 감사습관이 생기면 인생을 성공적으로 살아갈 수 있게 됩니다. 더 이상 예전처럼 몸이 아프거나 대인관계가 불편해지지 않을 것입니다. 사업도 잘 풀려 돈 걱정에서 벗어나게 될 것입니다. 이루고 싶은 꿈도 자연스럽게 이루게 될 것입니다. 무엇보다도 좋은 사람들을 만나고 새로운 인연과 행복한 삶을 누릴 것입니다. 감사연습으로 선한 공력을 쌓아 자신의 인생을 업그레이드하시길 바랍니다.

03 감사노트 작성하는 방법

1. 감사선언

　감사할 내용은 너무나 많아 평생 동안 감사연습을 해도 다 할 수 없을 것입니다. 자신의 목표를 반복해서 감사선언을 해도 되고, 일상의 생활에서 소소하게 감사를 느끼는 것으로 감사선언을 해도 됩니다. 어떤 내용을 감사하든 상관이 없습니다. 감사선언을 할수록 감사의 감정이 더 커져갑니다. 감사의 감정이 커질수록 내가 원하는 것을 끌어오는 힘이 커지게 됩니다.

　최소 3~5가지 감사할 목록을 감사노트에 적습니다. 마치 지금 여기에서 일어나고 있는 듯이 생생하게 느끼고 상상하면서 감사목록을 당당하게 소리 내어 선언합니다. 감사선언을 3번 반복합니다. 감사선언은 상상과 느낌을 동반한 선언법입니다. 선언이 거듭될수록 기분이 점점 더 좋아집니다.

　예를 들어 '나는 돈을 많이 가지고 있어서 감사합니다'라는 감사목록을 적었다면, 돈을 충분히 가지고 있어 기분이 너무 좋아 흥분하고 있는 자신을 생생하게 상상하면서, 명쾌하고 즐거운 목소리로 선언합니다.

　처음에는 느낌이 약하지만, 선언을 반복하면 느낌이 더 커질 것입니다. 돈에 대한 감정이 충분히 만족스러울 때까지 다시 집중해서 선언합니다. 한 번을 선언하더라도, 정성과 마음을 다해, 감정을 최대한 끌어올려 선언합니다. 감사에너지가 온 지구와 우주로 방사되어 뻗어 나갑니다. 에너지는 언제나 근원으로 다시 돌아옵니다. 내가 방사한 에너지는 나에게 다시 돌아옵니다. 돌아올 때는 돈을 많이 벌 수 있는 정보나 기회를 가지고 올 것입니다.

2. 감사연습

　감사연습을 하기 전에 기초연습 5가지를 실시하면 감사연습을 효과적으로 할 수 있습니다. 기초연습은 호흡연습, 이완연습, 웃음연습, 접지연습, 바른 자세 연습입니다. 기초연습이 잘 안되면 감사에너지를 만들기 어렵습니다. 기초연습을 매일 반복하여 감사상태로 빠르게 전환할 수 있어야 합니다. 깊게 호흡하면서 이완하고 웃으면 감사에너지를 쉽게 만들 수 있습니다. 에너지가 상기되지 않도록 접지하고 자세를 바르게 하면 퇴화된 신경회로가 다시 살아납니다.

　감사연습은 몸과 마음을 정화하고 기쁨의 삶을 회복하기 위한 연습입니다. 꿈이나 목표가 있는 분은 자신의 미래기억을 구현하는 연습을 해도 됩니다. 자신만의 특별한 명상법을 이미 알고 있다면 그 방법으로 연습해도 됩니다. 감사연습은 방법이 중요하지 않습니다. 어떤 방법으로 하든지, 감사로 정화하고 수용하는 시간을 갖는 것이 중요합니다.
　자신만의 감사연습 주제가 없다면 이 책에서 제시된 주제를 참고하여 연습합니다. 감사주제를 잘 읽어보고 하나씩 적용해 보시면 6개월 안에 엄청난 변화를 체험하게 될 것입니다. 이 책에서 제시하는 주제는 영적 성장을 위해 준비된 주제입니다. 200일간 감사노트를 작성하면서, 1~3일에 하나씩 감사주제를 읽고 감사로 정화해 보시기 바랍니다.

3. 감사기도

감사연습을 마친 후, 나의 근원에게 감사기도를 합니다. 감사기도는 나의 근원과 연결하는 연습입니다. 근원이 주는 생명의 빛을 받아 몸과 마음을 정화합니다. 감사기도도 자신이 원하는 방식으로 변형하셔도 됩니다. 어떻게 기도하든 상관없습니다. 감사에너지가 충만해지면 다 괜찮습니다.

사랑하는 나의 근원이여,
생명의 빛으로 나의 몸과 마음을 정화해 주셔서 감사합니다.
빛으로 정화합니다. 빛으로 정화합니다. 빛으로 정화합니다.
감사합니다.

감사노트 작성 예시

감사목록을 3~5가지 작성합니다. 마치 지금 여기에서 일어나고 있는 것처럼 상상하고 느끼면서 감사선언을 합니다.

1. 나는 나의 근원인 나자신에게 감사합니다.
2. 나는 내가 목표했던 소득을 달성하여 감사합니다.
3. 나는 내게 주어진 업무를 잘 수행하고 있어 감사합니다.
4. 나는 몸이 점점 더 건강해지고 있어 감사합니다.
5. 나는 새로운 인연을 만나게 되어 감사합니다.

감사주제에 대하여 감사연습을 진행합니다. 감사연습을 한 후 체험한 느낌과 생각을 기록합니다.

감사주제 : 두려움 정화하기

이제는 두려워하지 않고 주저하지도 않습니다. 나에게 주어진 삶을 받아들입니다. 그동안 나를 잡고 있었던 관계도, 감정도, 관념도 모두 다 놓아줍니다. 나를 괴롭혔던 그 사람을 생각하면 두려움이 느껴집니다. 끔찍했던 그때의 기억을 감사로 정화합니다. 나를 괴롭히고 나를 두려워하게 만든 그 사람에게 감사합니다. 감사합니다. 감사합니다. 깊게 호흡하면서 그 기억을 떠나보냅니다.

아직도 나에게 남아있는 불안과 두려움이 불쑥 올라오기도 하지만 감사하며 흘려보냅니다. 나는 나의 근원을 신뢰하고 나의 사랑을 두려움 없이 나누며 살아가려고 합니다. 선물처럼 내게 다가온 기쁨의 삶이 그저 꿈만 같지만, 두려워하지 않고 받아들입니다. 감사로 다시 기쁨을 느낄 수 있게 되어 너무나 행복합니다. 감사합니다.

나의 근원에게 감사기도를 합니다.

사랑하는 나의 근원이여,
생명의 빛으로 나의 몸과 마음을 정화하고, 기쁨으로 채워주셔서 감사합니다. 기쁨으로 충만합니다. 기쁨으로 충만합니다. 기쁨으로 충만합니다. 감사합니다.

04 21일 감사프로젝트 시작하기

　지금부터 21일 동안 감사연습을 반복하는 프로젝트를 진행합니다. 감사연습을 완전히 체화할 수 있는 기간으로 21일이면 충분합니다. 21일 동안 하루도 빠지지 않고 매일 연습하려면 강력한 동기가 있어야 합니다. 감사연습을 왜 하고 싶은지, 정말로 변화하고 싶은지를 스스로 묻고 느껴보시기 바랍니다. 감사연습은 몸과 마음을 변형시키는 강력한 도구입니다. 자신의 꿈을 성취하고 돈을 벌고 싶은 분에게도 최고의 무기가 될 것입니다. 감사연습은 천성적으로 부여받은 자신의 잠재력을 활용합니다. 무언가를 새로 배우는 것이 아니라 이미 가지고 있는 능력을 깨워내는 작업입니다.

　자신이 누구인지 자각하는 것이 가장 중요합니다. 당신은 신성을 부여받은 영혼적인 존재입니다. 신성의 아들과 딸로서, 마땅히 기쁨을 누리는 풍요로운 삶을 살아야 합니다. 감사연습은 건강을 회복하는 치유의 도구이기도 합니다. 몸의 문제가 어떠하든 감사는 기적과 같은 힐링을 선물할 것입니다.

　머리로 판단하기를 잠시 멈추고, 가슴의 열정을 다해 당당하고 큰 목소리로 선언해 보세요. 당신의 내면에 잠재된 파워를 끌어내세요. 희생자로 끌려다니는 삶에서 벗어나 창조자로 살아가세요.

나는 나의 현실의 창조자입니다.
나는 항상 언제 어디서나 완전히 감사합니다.

21일 감사프로젝트 주제

21일 감사프로젝트에서는 몸과 감정을 감사로 정화하는 연습을 합니다. 먼저 정화가 되어야 새로운 미래비전을 채울 수 있습니다. 21일 프로젝트를 마친 후에 200일 프로젝트에서는 전면적인 정화작업과 자기변형작업이 진행됩니다.

21일 감사프로젝트의 주요 주제는 다음과 같습니다.
- 호흡이완 기초연습(21일간)
- 감사말하기연습(7일간)
- 몸에게 감사하기(7일간)
- 감정에게 감사하기(7일간)

21일 감사프로젝트	1주차 (1~7일)	2주차 (8~14일)	3주차 (15~21일)
기초연습	호흡이완법	호흡이완법	호흡이완법
감사연습	감사선언	감사선언	감사선언
	감사말하기 몸에게 감사하기	단순 감정에게 감사하기	단순 감정에게 감사하기
	감사기도	감사기도	감사기도

21일 감사프로젝트를 위한 물리적 안전공간 확보하기

모든 것을 내려놓고 풀어놓을 수 있는 조용하고 아늑한 자신만의 공간을 확보합니다. 실내 온도(18~22℃)와 습도를 적정하게 유지하고 실내공기를 신선하게 환기시킵니다. 주의를 분산시키는 것들(종교 용품, 크리스털, 시끄러운 음악, 소음, 강렬한 아로마(향기), 강렬한 그림, 강렬한 조명 등 각종 도구들)을 제거합니다.

에너지를 민감하게 느끼는 분은 감사프로젝트 기간 동안 쇼핑하기, TV/영화 보기, 성적 남용, 음주, 사람들과 어울리기 등은 일시적으로 하지 않는 것이 좋습니다. 감사연습 전에 산책, 마사지, 요가, 태극권, 기공, 명상, 샤워를 하거나, 부드럽고 즐거운 운동과 가벼운 식사를 하면 좋습니다.

21일 감사프로젝트 시작 전 확인 사항

프로젝트를 시작하기 전에, 자신에게 정말로 감사연습을 하고 싶은지 3번 질문합니다. 3번 질문하는 동안 자신이 정말로 원하는지 느껴봅니다. 질문에 스스로 답하면서 자신의 선택이 더 명료해질 것입니다. 명확하게 선택해야 에너지가 움직입니다.

감사연습을 하기 위해 하루에 30분 정도 시간을 냅니다. 자신만을 위해 아무도 방해받지 않는 공간에서 30분 동안 연습에 집중합니다. 연습은 21일 동안 반복하여 진행합니다. 21일이면 충분히 숙달할 수 있습니다. 연습 후 실제로 무엇이 느껴졌으며 무엇을 경험하였는지 감사노트에 기록합니다. 매일 새로운 느낌과 경험이 축적되면서 감사연습을 완전히 이해하게 될 것입니다.

당신의 위대한 선택을 확인하는 다음 질문에 답해보시기 바랍니다.

당신은 당신 현실의 창조자임을 인정합니까?
당신은 감사에너지가 일하도록 허용합니까?
당신은 당신의 근원을 완전히 신뢰합니까?
당신은 생명의 빛으로 몸과 마음을 정화합니까?
당신은 21일간 감사프로젝트를 실천할 준비가 되어있습니까?

05 감사말하기와 몸에게 감사하기

지금부터 21일 감사프로젝트를 시작합니다. 21일간 매일 연습하고 하루라도 빠지면 1일 차부터 다시 시작합니다.

1일 차 감사연습

1단계 감사연습을 하기 전에 호흡이완연습을 실시합니다.
2단계 감사노트에 5가지 감사목록을 작성하고 감사선언을 합니다.
3단계 감사주제에 대하여 연습한 후 느낀 점을 감사노트에 적습니다.
4단계 감사기도로 감사연습을 마칩니다.

☞ 1단계, 2단계, 4단계는 매일 반복하여 연습합니다. 2일 차 감사연습부터는 3단계의 감사연습 주제만 설명해 드립니다.

1단계 기초연습하기

감사연습을 시작하기 전에, 감사연습을 하겠다는 명확한 의도로 선택하고 선언을 한 후에 시작합니다.
"나는 지금부터 감사연습을 시작합니다."
의식적으로 호흡하면서 정체된 에너지를 풀어내고 새로운 에너지를 받아들입니다. 머리부터 발끝까지 몸의 각 부위를 주시하면서 이완합니다. 몸 전체를 이완하고 안전공간에 들어갑니다.

2단계 감사선언하기

감사노트에 5가지 감사목록을 적고 감사문을 선언합니다. 마치 그것이 지금 일어나고 있는 것처럼 생생하게 느낍니다.

3단계 감사연습하기

감사주제의 내용을 읽고 숙고합니다. 자신의 내면을 충분히 살펴보는 시간을 갖습니다. 감사로 기억을 정화하고 비전을 수용하는 작업을 합니다.

주제 : 감사말하기

감사연습을 처음 시작하신 분은 감사가 아직 익숙하지 않을 것입니다. 자동차가 출발하려면 시동을 걸어야 하듯이, 감사연습에 시동을 거는 연습입니다. 감사를 표현하는 습관을 만들기 위해 미친 듯이 '감사합니다'라고 외치는 연습입니다. '감사합니다'를 1,000번 반복해서 소리 내어 말하는 연습입니다.

연습의 포인트는 '감사합니다'를 말하면서 오직 감사만 생각하고, 기분이 좋아지는 것을 느끼려고 해야 합니다. 마치 방금 전에 너무나 기쁜 소식을 들어서, 기분이 좋은 상태가 된 것처럼 신나게 '감사합니다'라고 말로 표현해야 합니다. 연습하는 동안 몸에서 어떤 느낌이 일어나는지 잘 느껴야 합니다. '감사합니다'를 1,000번 말하면 약 30분~1시간 정도 시간이 걸릴 것입니다.

감사말하기는 조용히 앉아서 연습하는 것보다는 움직이면서 하는 것이 더 좋습니다. 일상생활을 하면서 '감사합니다'라고 감사를 표현하는 경우가 더 많기 때문입니다. 감사말하기는 청소를 하면서도, 운전을 하면서도 아무 때나 연습할 수 있습니다.

감당할 수 없는 갈등, 트라우마, 스트레스가 발생하면, 고민하느라 생각이 많아질 것입니다. 이럴 때는 감사말하기 연습을 신나게 하고 나면, 마음이 안정될 것입니다. 불안과 두려움이 떠오를 때도, 걱정하는 마음으로 초조해질 때도 감사말하기를 1,000번 하고 나면 마음이 편안해질 것입니다.

아침에 일어나자마자 이불 개고 청소하고 샤워하는 동안에도 감사말하기를 연습할 수 있습니다. 마음속에 다른 잡념이 들어오지 못하게, 오직 감사만 생각하고 말하고 감사만 보아야 합니다. 감사말하기를 신나게 하고 나면 상쾌한 기분으로 하루를 시작할 수 있습니다.

4단계 감사기도하기

감사연습을 마친 후, 근원에게 감사하면서 생명의 빛으로 자신의 몸과 마음을 정화합니다. 1단계, 2단계, 4단계는 매일 반복해서 연습합니다.

2일 차 감사연습

주제 : 몸에게 감사하기

평생을 같이 살아온 몸에게 한 번도 감사해 준 적이 없는 분도 있습니다. 늘 몸이 아프다고 불평만 하고 몸을 미워했습니다. 얼굴이 못생겼다고 짜증 내고, 키가 작다고 열등감에 빠져있었고, 살이 쪘다고 자신을 혐오했습니다. 병이 나면 죽을까 봐 두려워했고, 약하게 태어난 몸 때문에 부모님까지 원망했습니다. 이런 비난과 미움을 받으면서도 몸의 세포들은 나를 위해 열심히 일하고 있습니다. 내가 몸을 학대하고 증오했기 때문에 몸에 문제가 생긴 것입니다. 몸은 나를 반영하는 거울입니다. 내가 화내면 몸도 화내고 내가 웃으면 몸도 웃습니다. 몸에게 감사하면 몸도 나에게 감사합니다. 몸이 아프고 싶지 않다면 내가 아프지 않아야 합니다. 몸에게 감사하면 몸은 빛나기 시작합니다. 몸은 스스로를 치유하고 회복할 것입니다. 몸은 치유하는 방법을 다 알고 있습니다. 몸은 마음보다 훨씬 복잡한 생물학적 프로그램들이 내재되어 있습니다. 몸의 각 세포들은 엄청난 잠재성을 가지고 있습니다.

세포는 과거의 모든 정보를 기록하여 기억으로 저장하고 있습니다. 세포의 기억은 방대합니다. 세포는 어떤 상황에서도 살아남을 수 있는 지능을 가지고 있습니다. 인간은 아직 세포의 지능을 다 이해하지 못하고 있습니다. 세포는 다른 세포들과 소통하고 있습니다. 세포는 지구와 자연과 우주까지 소통하고 있습니다. 세포의 잠재성은 무궁무진합니다. 세포를 신뢰하고, 세포가 스스로 치유할 수 있도록 감사로 허용해 주어야 합니다.

머리부터 발끝까지 몸의 각 부위에 주의를 주면서 이완합니다. 이완한 부위에 '감사합니다'라고 말해줍니다. 그 부위가 생명의 빛으로 충만해지면서 빛나고 있는 것을 상상합니다. 각 부위의 세포까지 감사해 줍니다.

질병이 있는 부위나 약한 부위는 세밀하게 집중하면서 감사에너지를 불어넣습니다. 깊은 호흡을 하면서 감사에너지가 흘러들어 가는 것을 상상합니다.

> 머리와 두피에게 감사합니다. 얼굴에게 감사합니다.
> 대뇌와 소뇌에게 감사합니다. 목에게 감사합니다.
> 어깨에게 감사합니다. 가슴의 근육에게 감사합니다.
> 폐와 심장에게 감사합니다. 배의 근육에게 감사합니다.
> 위장과 췌장에게 감사합니다. 간과 쓸개에게 감사합니다.
> 소장과 대장에게 감사합니다. 신장과 방광에게 감사합니다.
> 등에게 감사합니다. 허리에게 감사합니다.

팔에게 감사합니다. 다리에게 감사합니다.
뼈에게 감사합니다. 모든 근육에게 감사합니다.
나의 몸 전체에게 감사합니다.

3일 차 감사연습

주제 : 몸에게 감사하기

3일 차가 되면 감사말하기 1,000번 연습이 더 빠르게 잘될 것입니다. 앉아서도, 걸으면서도 자연스럽게 '감사합니다'가 생각나고 말로도 잘 표현하게 됩니다. 점점 기분이 좋은 시간이 더 늘어갑니다. 얼굴은 미소를 띠고 생각도 긍정적으로 바뀌어 갑니다.

몸에게 감사하기를 구체적으로 연습해 보겠습니다.

하루 종일 머리를 쓰느라 긴장하고 있는 두피에게 감사합니다. 감사합니다. 감사합니다. (깊게 호흡을 내쉬며) 두피가 충분히 이완하면서 시원해집니다.
수많은 생각으로 내 몸을 이끌어가고 있는 두뇌에게 감사합니다. 감사합니다. 감사합니다. (깊게 호흡을 내쉬며) 생각을 멈추고 편안하게 휴식합니다.
인상을 찌푸리며 긴장하고 있는 이마와 눈썹에게 감사합니다. 감사합니다. 감사합니다. (깊게 호흡을 내쉬며) 이마의 긴장을 풉니다.
볼 것 못 볼 것 보느라 수고하고 있는 눈과 눈동자에게 감사합니다.

감사합니다. 감사합니다. (깊게 호흡을 내쉬며) 눈의 긴장을 이완하면서 눈이 시원해지고 맑아집니다.

여러 가지 냄새를 구분하느라 바쁜 코의 후각 세포들에게 감사합니다. 감사합니다. 감사합니다. (깊게 호흡을 내쉬며) 코를 이완하고 잠시 휴식합니다.

먹고 말하느라 힘들었던 입과 입술, 혀에게 감사합니다. 감사합니다. 감사합니다. (깊게 호흡을 내쉬며) 입을 편안하게 이완합니다.

이를 악무느라 힘을 주고 있는 턱에게 감사합니다. 감사합니다. 감사합니다. (깊게 호흡을 내쉬며) 턱에 힘이 빠지고 느슨해집니다.

머리를 바치고 있느라 긴장하고 있는 목과 어깨에게 감사합니다. 감사합니다. 감사합니다. (깊게 호흡을 내쉬며) 목과 어깨의 근육의 힘을 빼고 이완합니다.

공기를 들이마시는 폐에게, 매 순간 혈액을 돌리느라 수고하는 심장에게 감사합니다. 감사합니다. 감사합니다. (깊게 호흡을 내쉬며) 폐와 심장이 편안하게 휴식합니다.

어떤 것을 먹어도 잘 소화해 내는 위장과 췌장에게 감사합니다. 감사합니다. 감사합니다. (깊게 호흡을 내쉬며) 위장과 췌장이 잠시 편안하게 휴식합니다.

독소를 해독하고 영양분을 잘 흡수하여 공급해 주는 간과 쓸개에게 감사합니다. 감사합니다. 감사합니다. (깊게 호흡을 내쉬며) 피곤한 간과 쓸개가 잠시 편안하게 휴식합니다.

음식을 소화해 영양분을 잘 흡수해 주는 소장과 대장에게 감사합니다. 감사합니다. 감사합니다. (깊게 호흡을 내쉬며) 소장과 대장의 긴장이 풀리고 편안해집니다.

오줌을 잘 싸게 도와주는 신장과 방광에게 감사합니다. 감사합니다. 감사합니다. (깊게 호흡을 내쉬며) 신장과 방광이 편안해집니다.

활력이 넘치는 생식기(자궁, 전립선, 성기)에게 감사합니다. 감사합니다. 감사합니다. (깊게 호흡을 들이쉬며) 생명력으로 충만해집니다.

부드럽게 잘 움직이고 있는 두 팔과 튼튼한 두 다리에게 감사합니다. 감사합니다. 감사합니다. (깊게 호흡을 내쉬며) 팔과 다리가 편안하게 이완됩니다.

혈액 순환이 잘되고 소화가 잘되어 감사합니다.
면역력이 강하고 활력이 넘쳐서 감사합니다.
오장육부가 잘 순환되고 있어 감사합니다.
모든 세포들이 생명의 빛으로 충만해지고 있어 감사합니다.

4일 차 감사연습

주제 : 몸에게 감사하기

감사말하기를 1,000번 연습한 후에 감사말하기를 파트너와 함께 연습해 봅니다. 서로 번갈아 가면서 상대방에게 '감사합니다'라고 말해줍니다. 인사를 하면서 감사해도 되고, 악수를 하면서 감사해도 됩니다. 감사를 전하는 기쁨을 서로 느껴봅니다. 감사의 감정이 커지는 것을 느껴야 합니다. 혼자서 하는 것보다 둘이서 연습하면 훨씬 더 재미있을 것입니다. 파트너가 없다면 거울을 보면서 혼자 연습해도 됩니다.

오늘은 몸에게 감사하기를 좀 더 세밀하게 진행합니다.

두피 → 뇌 → 이마 → 눈썹 → 눈동자 → 코 → 입 → 혀 → 턱 → 뺨 → 목/뒷목 → 어깨 → 위팔 → 아래팔 → 손목 → 손바닥 → 손가락 → 어깨 → 가슴 → 폐 → 심장 → 복부 → 비위 → 간담 → 소장 → 대장 → 신장 → 방광(자궁) → 등 → 허리 → 엉덩이 → 고관절 → 허벅지 → 무릎 → 종아리 → 발목 → 발바닥 → 발가락 → 몸 전체 순으로 연습하고 긴장된 부위, 아픈 부위는 더 오랫동안 주의를 주면서 반복합니다.

각 부위의 세포들에게도 감사해 줍니다. 특히 몸이 불편한 곳은 반복하면서 감사해 줍니다. 불편은 치유의 과정이며 잘못된 것이 아닙니다. 세포들이 열심히 일하고 있다는 증거입니다.

잠시 공원에 산책하러 나가볼까요?
햇볕을 쬐면서 몸에게 감사말하기를 해보세요.
신선한 공기를 들이마시고 상쾌한 몸을 느낍니다.
몸을 건강하게 만드는 나무들에게도 감사해 주세요.
땅에서 올라오는 에너지를 맨발로 느끼고 받아들입니다.
흐르는 물을 바라보며 자연의 생명에너지를 들이마십니다.

5일 차 감사연습

주제 : 몸에게 감사하기

　감사말하기를 1,000번 연습한 후에, 주변의 사물, 식물, 동물에게 감사말하기를 연습합니다. 책상에게 '감사합니다'라고 말해보세요. 그리고 잠시 책상을 느껴봅니다. 책상이 어떤 느낌인지 책상이 무슨 말을 하는지 조용히 들어봅니다. 꽃에게도, 나무에게도, 강아지에게도 감사하며 인사를 해보세요. 그리고 조용히 느껴봅니다. 자연의 모든 대상에게 감사해 보세요. 감사해 주면 모든 대상이 반응할 것입니다. 모두가 다 살아있는 의식적인 존재입니다.

　몸에게 감사하기를 반복할수록 몸의 컨디션이 더 좋아질 것입니다. 몸의 각 부위를 이완하면서 감사해 주고 그 부위를 손으로 쓰다듬어줍니다. 마치 엄마가 아이를 쓰다듬듯이 어루만져 줍니다. 자신의 몸을 사랑해 주는 시간을 갖습니다.

　60조나 되는 세포들의 주인이 바로 나입니다. 왕이 왕국의 백성을 사랑하듯이 세포들을 사랑해 주어야 합니다. 세포는 어린아이와 같습니다. 나의 명령과 사랑을 기다리고 있습니다. 내가 몸을 방치하면 세포는 방황하고 혼란스러워할 것입니다. 세포는 완벽하고 완전하게 작동하고 있습니다. 세포가 스스로 일하도록 허용해 주세요. 세포는 주인인 나의 허락을 기다리고 있습니다. 세포를 망가뜨리고 고장 나게 하는 것은 바로 나입니다. 나에게 모든 책임이 있습니다. 의사나 치유사는 치유의 도우미이며, 실제 치유는 세포가 알아서 하는 것입니다.

마치 엄마가 아이에게 말하듯이 세포에게 말을 합니다. 몸을 비난하고 비하했던 과거를 반성하고, 몸을 사랑하고 신뢰해 주기 위해서 몸과 대화합니다.

내가 부정적으로 생각하고 말했던 것에 대하여 미안해.
이제부터는 몸을 믿고 사랑해 줄게.
항상 완벽하게 작동하는 모든 세포들, 고맙고 감사해.

6일 차 감사연습

주제 : 몸에게 감사하기

감사말하기를 1,000번 연습한 후에 가족, 애인, 친구, 동료에게 감사말하기를 연습합니다. 눈을 감고, 가족 중에 한 사람의 얼굴을 떠올립니다. 예를 들어, 엄마를 떠올렸다면 엄마에게 '감사합니다'라고 말해보세요. 그리고 조용히 기다리면서 엄마가 어떤 반응을 보이는지 느껴봅니다. 엄마가 흔쾌히 나의 감사를 받아주는지, 아니면 받아주지 않는지 느껴봅니다. 이렇게 주변의 지인들을 대상으로 감사연습을 해보세요.

몸에게 감사하기는 정체된 에너지를 풀어내고 잘 흐르게 하여, 치유가 일어나도록 도와줍니다. 예전에 질병이 있었던 부위를 집중해서 이완하고 낡은 에너지를 풀어냅니다. 아픈 부위가 뭉쳐 이완이 잘 안되면 몸을 흔들어주고 털어주어도 됩니다. 몸이 잘 풀리도록 마사지나

지압을 해도 됩니다. 에너지가 정체된 곳을 잘 풀어주어야 감사를 잘 느낄 수 있습니다. 정체된 부위는 감사에너지를 빨아들이고 고갈시키기 때문에 감사연습에 방해가 됩니다. 불편한 곳을 정화해야 새로운 에너지를 받아들일 수 있습니다. 깊게 호흡하면서 힘을 빼고 최대한 이완시켜야 합니다. 호흡만으로 이완이 안 되면 전문가의 도움을 받아 몸을 푼 다음에 연습합니다. 불편한 부위를 정화하고 나면 몸에 활력을 불어넣어야 합니다.

혈액이 맑고 깨끗해져 잘 순환되고 있어 감사합니다.
불필요한 노폐물이 잘 배출되고,
새로운 영양소가 잘 채워져 감사합니다.
새로운 생명력으로 면역력과 정력이 충만하게 채워져 감사합니다.

7일 차 감사연습

주제 : 몸에게 감사하기

감사말하기를 1,000번 연습한 후에, 불편한 사람에게 감사말하기를 연습합니다. 눈을 감고 나를 힘들게 한 사람이나, 불편한 사람 중에 한 사람의 얼굴을 떠올립니다. 예를 들어, 나와 다투었던 친구를 떠올렸다면 친구에게 '감사합니다'라고 말해보세요. 그리고 조용히 기다리면서 친구가 어떤 반응을 보이는지 느껴봅니다. 아마도 친구는 나의 감사를 받아주지도 않고, 용서해 주지도 않을 것입니다. 그렇더라도 계속 반복해서 '감사합니다'라고 말해줍니다. 나의 마음을 다해 감사를 표현해 보세요. 친구가 나의 감사를 받아줄 때까지 계속해서 연습합니다.

감사연습 후에 실제로 그 친구를 만나게 되면 어떤 느낌이 들까요? 불편함이 계속 남아있다면 아직 연습이 부족한 것입니다. 친구에 대한 감정이 완전히 정화되면 실제로 친구를 만나도 불편한 감정이 전혀 느껴지지 않을 것입니다. 불편한 사람들을 차례로 떠올리면서 감사말하기를 연습해 보세요.

다음은 몸에게 감사하기 연습입니다. 몸에 대한 나의 관념과 부정적인 신념을 감사로 정화합니다. 나이를 먹어가면서 몸이 노화되고 있는 나의 모습에 감사합니다. 나이와 노화는 자연스러운 과정이며 혐오하거나 분노할 대상이 아닙니다. 내 몸의 체질적인 약점을 감사로 정화합니다. 식사를 천천히 하지 않고 급하게 먹는 습관을 감사로 정화합니다. 게으르고 움직이기 싫어 운동이 부족한 점도 감사로 정화합니다. 굽은 자세로 몸을 힘들게 하고 있다면 감사로 정화합니다. 몸에 대한 부정적인 생각들을 정화하고 난 후에는 새로운 생각으로 채워줍니다.

나의 몸이 건강한 체질로 바뀌어 감사합니다.
나는 식사를 천천히 하게 되어 감사합니다.
나는 몸을 위해 적당한 운동을 하게 되어 감사합니다.
나는 바른 자세로 균형 잡힌 몸매를 갖게 되어 감사합니다.

몸에게 감사하기만 해도 저의 식습관이 바뀔 수 있을까요?

몸에게 감사한다고 바로 바뀌지는 않습니다. 마음은 쉽게 고쳐먹을 수 있지만, 물리적인 몸은 시간이 걸립니다. 내가 오랜 시간 동안 누적해 온 생활 습관, 식습관이 몸에 고착되어 있기 때문입니다. 막상 몸을 새롭게 변화시키려고 몸을 돌보기 시작하면 오히려 몸이 힘들어합니다. 몸에 대한 변화 과정을 쉽게 하려면 빠르게 변화시키려는 욕심을 버려야 합니다. 매일 1%의 변화도 시간이 가면 큰 변화를 만들어냅니다. 처음부터 10%의 변화를 요구하면 격렬한 에너지변화증후군과 명현반응이 일어날 것입니다. 매일 꾸준히 연습해 가시면 6개월 이내 원하는 결과를 얻을 것입니다.

저는 긴장을 풀려고 해도 잘 안됩니다. 어떻게 해야 할까요?

이완이 잘되면 한결 가벼워진 몸으로 기분 좋게 살아갈 수 있습니다. 하지만 턱, 목, 어깨, 횡격막, 허리, 눈썹, 배 부위는 습관적으로 긴장하기 쉬우므로 이완하기가 어려울 수 있습니다. 컴퓨터나 핸드폰을 보면서 자세가 무너져 있다면 어깨와 목이 많이 긴장되어 있고, 그로 인해 턱까지 악물고 힘이 들어갈 것입니다. 과식은 위장에 압력을 가해 횡격막까지 답답하게 하고 호흡도 얕아지게 합니다. 목과 어깨가 앞으로 굽어지면 허리에도 힘이 들어갑니다.

바른 자세 연습을 하지 않으면 감사연습을 해도 이완하기가 어려울 수 있습니다. 바른 자세 연습은 속 근육을 강화하고 겉 근육을 이완하는 데 도움이 될 것입니다. 지금부터 자세를 바르게 바꾸겠다고 선택하셔야 합니다. 많은 시간이 걸리지만 자세를 스스로 교정해야 합니다. 식습관을 잘하면 오장육부의 긴장을 푸는 데 도움이 됩니다. 소화가 잘 안되는 음식은 장에게 부담이 됩니다.

몸에게 감사하기가 어려워요. 어떻게 느껴야 할까요?

몸에게 감사하기는 몸을 잘 느끼는 것이 중요합니다. 감사연습은 느끼기 연습입니다. 몸의 특정 부위에 주의를 집중하면 그 부위가 긴장되어 있는지, 이완되어 있는지 느낄 수 있습니다. 깊게 호흡하면 더 잘 느껴집니다. 긴장된 곳은 호흡이 답답하고 걸리는 느낌이 있을 것입니다. 체온이 낮아 차가운 곳, 냉기가 느껴지는 곳이 있는지, 심장박동과 맥박도 부드럽게 뛰는지 느껴보세요. 예민하지 않은 분은 처음에는 느끼기가 어려울 수 있습니다.

느끼기가 잘 되면 몸의 신호를 잘 알아차려서 문제를 예방할 수 있습니다. 만성적인 통증이 느껴지는 부위도 잘 느껴보고 불균형을 일으키는 원인을 찾아야 합니다. 몸에 필요한 영양이 결핍되면, 먹고 싶은 음식을 떠올려 알려줄 것입니다. 물이 부족하면 체온, 맥박, 호흡, 갈증 등으로 알려줄 것입니다. 물과 소금을 충분하게 섭취해 달라는 신호입니다. 몸에게 감사하기는 몸 안의 독소와 노폐물을 배출하고 새로운 영양으로 채우는 데 도움이 될 것입니다.

몸과 마음을 치유하는 감사연습

모든 질병의 원인은 본질적으로 자신에 대한 무지에서 시작됩니다. 자신이 누구인지 알게 되면, 질병이라는 부조화 상태에서 스스로 벗어날 수 있습니다. 근원의 빛은 몸과 마음의 불균형을 정화하여 치유합니다.

나는 왜 지구에 태어나 인간으로 살아가고 있을까요?
나의 진짜 정체성이 무엇인지 알게 되면, 자신의 문제에 대한 해법도 자연히 알게 됩니다. 내가 누구이며 나의 문제들을 어떻게 풀어가야 할지에 대한 모든 해답은 자신 안에 있습니다.
스스로 자신 안에서 답을 찾아내고 자각해야만 합니다. 조용히 자신의 내면으로 들어가 보세요.
내면의 느낌이 자신의 근원으로 안내할 것입니다. 스스로 찾은 해답만이 몸과 마음에 영향을 줄 수 있습니다. 외부의 강요나 주입에 의한 자각은 효과가 없지요.

"나는 누구인가? 나는 왜 여기에 존재하는가?"
묻고 스스로 답을 찾아보세요.

살아가면서 부딪히는 수많은 문제들, 돈, 건강, 관계, 진로에 대한 모든 해답은 결국 내가 누구인가에 대한 물음으로 귀결됩니다. 지금 내가 누구인지 스스로 묻고 대답해 보세요. 내가 알고 있는, 내가 스스로 깨달은, 아니면 내가 느끼고 있는 "나"라는 존재가 무엇인지 말해보세요.

'나라고 정의할 수 있는 그 무엇이 느껴지나요? 과연 그것은 무엇일까요?
나는 존재함, 그 자체이지만 말로 표현하기가 참 어렵습니다. 있는 것 같기도 하고 없는 것 같기도 하지요. 아주 작은 존재처럼 느껴질 수 있지만, 장대한 존재처럼 느껴지기도 하지요.

실제로 '나라는 존재는 에고의 마음이나 느낌의 영역을 넘어서 있다는 것이 느껴질 것입니다. 더 큰 나, 마음을 초월한 장대한 나, 진짜 나는 내가 알고 느끼는 나보다 더 위대합니다. 몸에만 한정된 내가 아니라, 더 확장되고 장대하며 보다 더 근원적인 '나'가 있음을 받아들입니다.

에고의 마음, 인간적 자아를 넘어선 '나'로 확장되면서, 나는 더 자유롭고 빛나며 더 많은 생명력이 나에게 들어올 것입니다. 그러면 점차 몸과 마음의 어둠과 불균형이 사라져 갑니다.

질병이나 어둠은 단순히 인간적 체험을 위해 창조된 것에 불과합니다.
완전하고 온전하며 장대한 자신을 받아들이세요.
근원의 빛, 근원의 생명력이 당신을 치유할 것입니다.

06 단순 감정에게 감사하기

8일 차 감사연습

주제 : 욕구

감사, 기쁨, 사랑, 평안은 순수한 본성에서 나오는 감정입니다. 신성한 근원으로부터 부여받은 본성은 4가지 감정 상태로 표현할 수 있습니다. 하지만 여기에 인간적 자아가 추가되면서 화, 슬픔, 두려움, 걱정, 쾌락 등의 인간적 감정이 더해집니다.

인간은 본능(1차), 감정(2차), 생각(3차), 영지(4차)의 4가지 차원의 마음을 가지고 있습니다. 본능은 생존과 번식, 보호와 방어를 주로 담당하고, 생각은 언어 기반의 사유를 통해, 판단, 분별, 해석하며, 사회적 관계 형성을 담당합니다. 영지는 고차원의 정보를 수신하는 역할을 합니다. 감정은 몸과 마음을 연결하여 몸으로 표현하는 역할을 합니다.

감정은 본능에서 올라온 것도 있고, 인간적인 자아에서 나오는 것도 있고, 영혼의 본성에서 주어지는 것도 있습니다. 나의 감정이 어떤 마음에서 오는 것인지 분별해 봅니다. 어떤 차원에서 나오는지에 따라 에너지의 수준이 달라집니다. 감정은 강력한 에너지로 우주에 방사됩니다. 에너지는 결국 감정 수준에 맞는 현실을 끌어옵니다. 본능에 충실하게 감정 에너지를 사용하면 본능을 충족시키는 체험을 할 것이고, 에고에 충실하게 감정 에너지를 사용하면 에고를 만족시키는 체험을 할 것입니다. 본성에 충실하게 감정 에너지를 사용하면 영적이고 주도적인 삶을 살아갈 것입니다. 어떤 감정을 사용하느냐에 따라 다양한 수준에서 인생이 펼쳐집니다.

나의 식욕, 성욕, 수면욕, 안전욕구를 감사로 정화합니다.
나는 관계형성욕구, 애정욕구, 소속욕구를 감사로 정화합니다.
나는 존중욕구, 인정욕구, 자아실현욕구를 감사로 정화합니다.
나는 순수한 본성에서 나오는 사랑과 자비심, 평화를
감사로 수용합니다.

9일 차 감사연습

주제 : 화

감정은 몸과 마음에 동시에 작용하기 때문에, 불편한 감정을 최대한 빠르게 정화해야 합니다. 불편한 감정이 오래가면 몸에도 심각한 문제가 생길 수 있습니다. 순수한 본성의 감정은 감사로 수용하고, 본능적이고 인간적인 감정은 정화합니다.

감정은 기본감정과 복합감정으로 나눌 수 있는데, 21일 감사프로젝트에서는 기본감정만 정화합니다. 복합감정은 200일 감사프로젝트에서 다룰 것입니다. 감정 중에 몸에 심각한 문제를 일으키는 것이 바로 화입니다. 화는 세포를 죽게 만듭니다. 화로 인해 세포가 감소했다가 다시 복구하는 과정에서 화병 같은 신체화 장애들이 많이 발생합니다. 화를 냈던 과거의 기억부터, 화가 나게 하는 신념 체계까지 모두 정화해야 합니다. 더 이상 화를 낼 필요가 없는 삶으로 전환해 가야 합니다.

화를 내고 있는 자신, 나를 화나게 만든 사람들을 감사로 정화합니다. 화냈던 과거기억을 떠올려 감사로 정화합니다. 반복해서 화가 나게 만드는 고정관념이나 신념을 찾아내 감사로 정화해 보세요.

화를 잘 내도 괜찮아, 화를 내줘서 고마워.
당신이 나를 화나게 만들어주어서 감사합니다.
나를 자극해서 화나게 만들어주어서 고마워.
어렸을 때 나에게 화냈던 부모님의 얼굴이 자꾸 떠올라 힘들어도
그 기억을 감사하며 떠나보냅니다.
나는 무례한 사람을 보면 화가 나지만
무례함을 있는 그대로 받아들입니다.

화는 자신을 한 번에 무너뜨리는 가장 위험한 감정입니다. 어떤 의도를 가지고 의식적으로 화를 내야 하는 경우가 아니라면, 화를 내려고 해도 화가 나지 않는 평온한 감정 상태를 유지할 때까지 감사연습을 해야 합니다.

내가 정복하고 지배해야 할 유일한 대상은 감정입니다. 감정은 몸과 마음뿐만 아니라 외부 현실에도 상당한 영향을 미칩니다. 부정적인 감정은 반드시 대가가 따릅니다. 몸과 마음의 문제, 관계의 문제에서 자유롭게 되려면 자신의 감정을 잘 다스려야 합니다. 화를 정화하고 사랑, 기쁨, 평안의 감정으로 채워가야 합니다.

10일 차 감사연습

주제 : 원망과 억울함

화를 표현하지 않고 참으면 어떻게 될까요? 몸 안에서 흐르고 있는 감정의 에너지가 정체되어 응어리를 만들 것입니다. 정체된 에너지는 압력이 가해지고 폭발하려고 할 것입니다. 에너지의 속성은 균형과 흐름입니다. 균형을 잃거나 흐름이 멈춘다면 에너지가 압력을 받아 강력해집니다. 에너지의 압력은 세포들의 통신체계를 교란시켜 염증, 통증, 경직 같은 불편한 증상을 만들어냅니다.

제대로 표현되지 않은 화의 감정을 떠올려 감사로 정화합니다. 화가 폭발하여 불같이 분노하면 불균형한 상태가 되고, 화를 억눌러 표현하지 못해도 원망과 억울함으로 남아있게 됩니다. 내 안에서 억눌러진 원망과 억울함을 풀어내고 감사로 흘려보냅니다. 에너지가 다시 흐를 수 있도록 마음껏 화를 표현합니다. 감정적으로 표현할수록 에너지가 더 빠르게 풀려나 균형을 잡을 것입니다. 몸과 마음이 다 후련해지고 더 이상 억울한 마음이 들지 않을 때까지 반복해서 감사로 정화합니다.

*나는 무능력하고 가진 것이 없는 나를 원망했던 기억을
감사로 정화합니다.
나는 권위와 권력을 가진 자들에게 저항하지 못하고
어쩔 수 없이 당해야만 했던 기억을 감사로 정화합니다.
나는 제대로 알지 못해 사기당하고 손해만 봤던*

억울한 기억을 감사로 정화합니다.
나는 나약한 정신력과 나의 능력에 대한 불신으로
아무것도 해내지 못하고, 후회만 하고 있는 나를 용서하고
감사로 정화합니다.

11일 차 감사연습

주제 : 분노

  화가 폭발하여 강렬하게 표현하면 분노가 됩니다. 분노는 남에게 해를 가하기 전에 나에게 먼저 해를 가하는 가장 위험한 감정입니다. 분노는 화를 내는 정상적인 감정을 넘어 지나친 표현입니다. 분노는 일들을 더 꼬이게 만듭니다.
  분노도 내가 반드시 정복해야 할 감정입니다. 폭발할 것 같은 압력이 느껴지는 분노가 있다면, 혼자서 마음껏 품어내면서 감사로 정화합니다. 분노가 더 이상 올라오지 않을 때까지 분노에게 감사합니다. 분노를 유발한 사람을 생각해도 분노의 감정이 전혀 느껴지지 않을 때까지 충분히 분노를 표현해야 합니다. 감사로 정화하고 난 후에는, 분노 대신 감사하는 마음으로 상대방을 대할 수 있습니다.
  감사연습이 숙달되면, 화가 나는 상황에서도 분노하지 않고 오히려 감사로 반응할 수 있습니다. 분노 때문에 더 이상 자신을 스스로 무너뜨리지 않습니다. 분노를 유발하는 사람을 완전히 존중해 주고, 분노가 일어나게 만든 나의 신념도 감사로 정화해야 합니다. 분노의 감정 게임에서 벗어나 기쁨을 누리세요.

나는 자존심에 상처를 주고 나를 분노하게 만들었던 사람들을
감사로 정화합니다. 나는 무력한 나를 보호하고
강하게 보이려고 분노했던 기억을 정화합니다.
나는 옳고 그름의 경계가 무너지고 정당성이 훼손되었을 때 느꼈던
분노의 기억을 감사로 정화합니다.

감사연습 Q&A

저는 욱하는 성격에 화를 참지 못하는데요.
화를 어떻게 다루어야 하나요?

화는 자연스러운 감정이기 때문에 화가 나는 것은 당연합니다. 하지만 자신이 다치지 않도록 화를 적절하게 통제해야 합니다. 화를 억누르거나 너무 화를 과하게 내면 문제가 됩니다. 감사연습이 익숙해지면, 화가 나도 신속하게 감사상태로 바꿀 수 있습니다. 화를 이미 내버렸다면, 화의 에너지를 잘 흘려보내야 합니다. 화를 낸 자신을 용서하고 감사로 정화하면, 화는 아무런 문제가 되지 않습니다.

화를 정복하려면 어떻게 연습해야 할까요?

화내는 습관을 통제할 수 없거나, 화병 때문에 몸에 문제가 있는 분은 위대한 선택을 하셔야 합니다. 나는 화에서 완전히 벗어나 감사하며 살아가겠다는 결단을 하셔야 합니다. 화의 뇌신경망을 감사의 뇌신경망으로 덮어버리겠다는 일념으로 감사연습을 반복해야 합니다.

대부분의 사람들이 자신과의 약속을 저버리고 스스로 포기하기 때문에 화를 정복하지 못합니다. 결코 물러서거나 양보하지 마세요. 감정의 주인은 나입니다. 감사말하기를 미친 듯이 1,000번 반복하면 감사에너지가 화를 지워버릴 것입니다.

저는 제 자신에게 화를 많이 내는 것 같습니다.
어떻게 정화할까요?

자신에게 화가 난 기억들을 떠올리면서 감사로 정화합니다. 자신이 못마땅하고 열등감이 느껴지고, 이러저러한 이유로 자신을 비난하고 원망했던 과거를 용서해야 합니다. 자신을 쓰담쓰담하면서 "화를 내도 괜찮아, 사랑해, 고마워! 열등감을 느껴도 괜찮아, 사랑해, 고마워!"라고 말하며 자신을 위로해 주세요.

먼저 자신의 감정을 있는 그대로 받아들이는 것이 중요합니다. 감정은 잘못된 것이 아닙니다. 내가 후회할 만한 일을 했다고 자책할 필요도 없습니다. 그냥 모든 것이 다 체험이었을 뿐입니다. '모든 것이 다 괜찮다'고 자신에게 말해주세요. '화를 내도 괜찮다'고 말해주세요. 그리고 자신을 사랑하고 감사해 주세요. 자신을 용서해 주고 사랑해 줄 수 있는 사람은 자신밖에 없습니다.

정화의 언어는 다양합니다. '사랑해, 미안해, 감사해, 고마워, 용서해, 괜찮아, 얼마나 힘들었니' 등을 잘 사용하면 자신도 정화하고 다른 사람에게도 좋은 인상을 줄 수 있습니다. 상대방을 알아주고 위로하는 말은 좋은 관계를 만들어냅니다.

'미안해, 용서해 줘, 감사해, 사랑해(미용감사)'는 내면의 아이를 정화하는 데 유용합니다. 내면의 아이는 순수한 아이와 같은 측면자아입니다. 내면의 아이는 내면 깊은 곳에 있으면서 무의식의 기억창고에서 기억을 꺼내는 역할을 합니다. 내면의 아이는 무의식에 감춰진 욕망과 욕구를 표출하려고 합니다.

내면의 아이를 정화할 때는 미용감사를 해도 되고, 감사로만 정화해도 됩니다.

'화냈던 기억을 보여주었는데도 내가 알아주지 못해서 미안해! 나를 용서해줘, 이렇게 기억을 정화할 수 있게 해주어서 고마워, 항상 사랑해.'

'괜찮아, 사랑하고 고마워'는 자신을 위로할 때 도움이 됩니다.
'모든 것이 다 괜찮고 잘될 거야. 화내고 원망했던 것도 다 좋고 괜찮아. 그렇게 해도 괜찮아, 항상 사랑하고 고마워!'라고 자신에게 말해 줍니다.
'얼마나 힘들었니, 항상 사랑하고 고마워'는 자신을 공감해 줄 때 사용합니다.
'얼마나 화내느라, 짜증 내느라, 원망하느라 힘들었니? 이제는 그렇게 하지 않아도 괜찮아. 항상 사랑해 고마워'라고 엄마의 심정으로 자신을 위로하고 공감해 주세요.

불의를 보면 화가 나는 이유는 무엇일까요?

도덕적이고 의리가 많으며, 명예를 중시하는 고정관념이 강한 사람은 불의를 참기 힘들 것입니다. 자신의 기준에 맞지 않으면 벌컥 화를 내게 됩니다. 이런 분은 자신의 경직된 신념 체계, 가치관, 삶에 대한 태도 등을 감사로 정화해야 합니다.
화를 자제하기 힘든 이유가 영양결핍, 중독, 영적 장애인 경우도 있습니다. 이런 경우에는 먼저 원인을 해결해야 합니다. 화내는 감정 게임에서 완전히 벗어나려면, 자신이 누구인지에 대한 자각과 깨어남이 필요합니다. 자신의 본성이 깨어나야 화를 내지 않는 진짜 나로 살아갈 수 있습니다.

가슴 열기가 중요한 이유는 무엇일까요?

감사연습은 잃어버린 자신을 다시 발견하는 것입니다. 가슴이 열려야 자신이 누구인지 알게 됩니다. 가슴이 열리면 감사연습을 머리로 하지 않고 가슴의 느낌으로 합니다. 머리의 생각으로는 가슴의 느낌을 이해할 수 없습니다. 가슴을 열고 살아가는 것이 자신에게 불리하다는 것을 알게 되면, 가슴을 닫고 머리로만 살아가려고 합니다. 가슴의 꿈과 열정은 다 제쳐놓고, 가족과 사회의 의식에 맞게 살아갑니다. 하지만 가슴은 늘 신호를 보내고 있습니다. 가슴이 답답하다면 나의 삶이 가슴과 일치하지 않기 때문입니다. 자꾸 화가 올라오고 뭔가 잘못 흘러가고 있는 것을 느낄 것입니다. 화를 낼수록 가슴이 더 아파옵니다. 실제 화를 내면 가슴에 통증을 일으킵니다. 가슴을 열고 가슴의 느낌을 존중하면 더 이상 화가 나지 않을 것입니다.

가까운 남편에게 더 화를 내는 이유는?

내가 모르는 사람에게 화를 내는 경우는 거의 없습니다. 대부분은 나의 가족, 배우자, 애인, 동료, 친구처럼 많이 마주치고 친할수록 화낼 일이 더 많습니다. 가장 사랑하고 감사해야 할 대상에게 오히려 더 많이 화를 내고 있습니다. 남편에게 기대감이 클수록 화를 더 내게 됩니다.

화에 대한 문제와 해답은 모두 내 안에 있습니다. 가족이나 친구처럼 소중한 사람들에게 더 이상 화를 내지 않겠다고 결심해 보세요. 감사연습을 하면 화를 내는 횟수가 점차 줄어들 것입니다. 감사연습은 아무것도 걸리지 않고 매이지 않는 평화로운 감정 상태로 만들어 줄 것입니다.

감정의 응어리를 처리하고 나면 어떻게 되나요?

오랫동안 묵은 감정의 응어리를 풀어내 보내면, 그곳에 빈 공간이 생깁니다. 그 자리에 새로운 감정을 채워야 합니다. 새로운 감정은 인간적인 감정을 대신하여 들어올 것입니다. 새로운 감정은 순수한 본성에서 주어지는 사랑, 모든 것을 허용하는 감사, 영혼의 열정과 기쁨, 완전한 자각에서 오는 평안 등을 말합니다. 구름이 걷히면 햇빛이 드러나듯이, 낡은 감정이 사라지면 새로운 감정이 드러나게 됩니다. 새로운 감정은 본성에서 옵니다. 억지로 만들지 않아도 이미 내면에 존재하고 있습니다.

당신이 여기에 존재하는 이유

당신이 이 지구에 존재하고 있는 이유를 생각해 보신 적이 있나요?
우리는 인생의 수많은 체험을 통해 자신을 알아가고 있으며, 영적으로 성숙한 존재로 진화하고 있습니다.

우리가 지구에 존재하는 이유는 다른 사람과 비교해 평가하거나 판단하려는 것이 아닙니다.
우리는 삶을 통해서 자신이 무엇을 원하는지 자각하고, 자신이 원하는 것을 성취해 가면서, 자신의 창조적 잠재 능력을 개발하고 있는 중입니다.

당신을 평가할 수 있는 유일한 기준은 바로 '기쁨'뿐입니다!
기쁨은 당신의 영혼이 얼마나 성숙해졌는지를 알려주는 증표입니다. 어떤 인생도 실패란 없습니다. 영혼의 체험만이 있을 뿐이죠.

당신의 머리는 실패라고 외쳐대지만, 당신의 영혼은 오히려 소중한 성장의 체험으로 기뻐하죠.
기쁨은 가슴에서 옵니다. 자신의 영혼이 기뻐하고 있는 것을 느껴보세요.

기쁨을 목표로 삼고 살아간다면 어떻게 될까요?
우리는 기쁨을 실현할 능력을 가지고 태어났습니다.

"지금 당장 삶이 어떠하든, 기쁨을 선택할 수 있습니다."

기쁨을 거스르고 기분 나쁜 감정으로 살아가면, 당신이 원하는 것을 성취하는 데 엄청난 노력을 들여야 합니다. 그 과정에서 결국 지치고, 실패하고, 스스로 자신을 가치 없는 존재라고 비하하며 무기력하게 됩니다.

반대로 당신이 기뻐하는 것에 초점을 맞추고 살아가면, 당신이 원하는 것을 즐기면서 쉽게 성취해 낼 것입니다. 기쁨의 감정은 당신의 순수한 가슴의 에너지, 가슴의 열정에서 나옵니다. 기쁨으로 하는 일은 힘이 들지 않고, 일을 할수록 기운이 더 충만해집니다. 자신에 대한 가치를 존중하고 스스로를 자랑스럽게 여길 것입니다.

당신이 더 행복해질수록, 당신은 다른 사람의 행복과 가치도 존중하게 되고, 그들이 소중한 존재가 되도록 도울 수 있습니다.

기쁨은 당신의 본성이며, 당신의 삶에 구현해야 하는 당연한 목적입니다.
항상 기쁨을 누리시길 빕니다.

12일 차 감사연습

주제 : 슬픔

　사랑과 우정이 떠나고, 의존했던 대상이 사라지면 슬픔의 감정이 일어납니다. 관계가 깊을수록 슬픔이 더 강하게 복받쳐 오릅니다. 어쩔 수 없는 현실을 받아들이고 눈물을 흘리며 엉엉 울고 나면, 슬픔이 눈 녹듯이 사라집니다.

　슬픔을 잘 표현하지 않고 억누르면 가슴에 응어리로 남습니다. 표현되지 않은 슬픔의 기억이 떠오르면 감사로 정화합니다. 슬픔을 감사하며 놓아줍니다. 슬픔은 자연스러운 감정입니다. 슬픔은 치유의 과정이며 문제가 되지 않습니다. 슬픔을 표현하지 않고 참아내면 심각한 얼굴을 하고 우울해집니다. 슬픔을 너무 과도하게 표현하면 비통하고 통탄하게 됩니다. 과도한 슬픔과 표현하지 않은 슬픔은 몸과 마음에 문제를 일으킬 수 있습니다. 자신을 심각하게 만든 억눌린 슬픔의 기억도, 너무나도 비통했던 기억도 이제는 풀어내야 합니다.
　슬픔의 감정으로 온전히 표현하지 못한 과거의 트라우마나 감당하기 힘든 사건 사고가 있었다면, 가슴에 맺혀 풀려나기를 기다리고 있을 것입니다. 슬픔의 기억을 다시 떠올려 감사해 주고 떠나갈 수 있게 허용해 주어야 합니다.

　　나는 슬픔에 약해 눈물을 잘 흘리는 나에게 감사합니다.
　　나는 사랑하는 애인과 이별하면서 느꼈던 슬픔을

감사로 정화합니다.
나는 정들었던 직장을 떠나면서 느꼈던 슬픔을 감사로 정화합니다.
나는 부모님이나 배우자와 사별하게 된 슬픔의 기억을
감사로 정화합니다.
나는 사고로 돌아가신 가족에 대한 트라우마를 감사로 정화합니다.

13일 차 감사연습

주제 : 영적 슬픔

영혼은 자신의 근원과 분리되어 체험의 여정을 시작했습니다. 영혼은 더 높은 자아인 참나에서 분리되어 나왔습니다. 참나 또한 더 장대한 나자신으로부터 분리되어 나왔습니다. 마치 자식이 부모의 유전자를 물려받듯이 나자신의 신성은 참나로, 참나에서 영혼으로 전달됩니다.

영혼은 물리적 육체와 결합하여 인간의 삶을 체험하고 있습니다. 인간 세상에 탄생한 영혼은 영적 분리에서 오는 슬픔을 경험합니다. 근원과의 분리에서 오는 슬픔은 인간적 상실에서 오는 표면적인 슬픔과 다른 원초적 감정입니다. 영적인 슬픔은 아주 깊은 내면에 잠재되어 있습니다. 깨어남의 과정에서 아무런 이유 없이 슬픔이 올라온다면 영적인 슬픔일 수 있습니다.

영혼의 슬픔은 마치 부모로부터 떨어져 독립해야 하는 자식의 감정과 유사합니다. 부모와 편안하게 살다가 자신만의 여정을 떠나야 하는 이별의 슬픔과 같은 것입니다. 영적인 분리로 인한 슬픔은 주로 탄생 트라우마로 각인되어 있습니다.

내 삶이 풍족하고 완벽해도 왠지 모를 슬픔이 느껴진다면 감사로 정화합니다.

나의 근원에 대한 갈망으로 슬퍼하고 있다면 감사로 정화합니다.

나는 가슴 깊은 곳에서 올라오는 영적인 슬픔을
감사로 정화합니다.
나는 나의 근원에서 분리되어 그 누구의 도움도 받지 않고
나 홀로 외롭게 인생을 체험해 가야 하는 슬픔을
감사로 정화합니다.
나는 인간의 여정을 위해 잠시 분리된 근원과 다시 연결하고
근원이 들어오도록 감사로 수용합니다.

14일 차 감사연습

주제 : 인간적 슬픔과 영적 슬픔

슬픔이 밀려오는 상황들에 대하여 알아보겠습니다. 슬픔은 상실과 좌절에서 비롯됩니다. 이별, 사별, 이혼, 절교 등으로 친밀하게 지내던 사람이 갑자기 떠나갈 때 슬픔이 밀려옵니다. 또, 인간적 욕구가 충족되지 않아 슬픔이 느껴질 때도 있습니다. 욕구를 충족하지 못하는 이유는 대부분 돈과 관련이 있습니다. 충분한 돈이 없어서 남들처럼 풍요를 누릴 수 없을 때 슬픔이 느껴질 수 있습니다.

3차원의 인간적인 슬픔이 아닌 고차원의 영적인 슬픔도 있습니다.

참나와 분리되는 탄생 과정에서 영적인 슬픔이 유발됩니다. 또 탄생 전 다른 차원의 체험 과정에서 만들어진 슬픔의 카르마도 있습니다. 심지어는 영혼이 창조되고 체험의 여정이 시작되면서 근원과 분리가 될 때 느꼈던 슬픔도 있습니다.

깨어남의 여정에 들어간 사람들은 인간적인 슬픔을 넘어 영적인 슬픔까지 떠오르게 됩니다. 이 과정에서 원인 모를 슬픔과 우울을 경험할 수 있습니다. 깨어남의 과정에서 너무 외롭고 힘든 시기를 통과해야 할 때도 있습니다. 혼자서 오랜 시간을 보내며 자신이 누구인지 깨닫게 됩니다. 깨어남의 과정은 아무런 문제가 없습니다. 체험의 여정을 마치고 깨어날 준비가 된 영혼은 자연스럽게 상승의 과정을 겪게 됩니다. 이 과정을 감사로 수용하고 받아들입니다.

나는 사랑한 사람과 이별했던 슬픈 기억을 감사로 정화합니다.
나는 돈이 없어 비참하고 슬펐던 기억을 감사로 정화합니다.
나는 내가 누구인지 찾아가는 깨어남의 여정에서
혼자서 슬피 우는 밤을 지새웠던 기억을 감사로 정화합니다.

15일 차 감사연습

주제 : 기억상실과 영적 슬픔

본질적인 수준에서 보면 모든 슬픔의 원인은 자신이 누구인지에 대한 기억의 상실에서 시작되었다고 할 수 있습니다. 자신의 본성과 신성에 대한 망각, 그리고 근원과 단절로 인하여 다음과 같은 것들이 슬프게 합니다.

다른 존재들이 모두 떠나고 자기만 혼자 존재하게 되는 것,
자기가 원하는 걸 가질 수 없다는 것,
자신이 무능력하다고 비하하는 것,
자신과 남들의 처지를 안타까워하고 동정하는 것,
죽음, 질병, 사고에 아무런 대응책이 없는 나약한 인간이라는 것,
노화를 극복할 수 없다는 것,
자신이 누구인지 전혀 기억해 낼 수 없다는 것,
누군가의 도움 없이는 자신을 구제할 수 없는 것,
과거는 기억해도 미래를 기억할 수 없다는 것,
다른 시공간, 다른 차원은 전혀 인식하지 못하는 것,
자신의 생각과 지식으로는 도저히 인생의 문제들을 풀 수 없다는 것,
자신의 꿈과 이상, 희망을 실현할 수 없다는 것,
뭔가에 갇혀 있는 느낌과 자유롭지 못하다는 것,
자유의지가 억압받고 있다는 것,
가용할 에너지와 자원이 항상 부족하다는 것 등….

슬픔을 느끼게 하는 것들이 참으로 많습니다. 이 모든 것들은 근원과 단절되어 본성을 망각한 채, 인간적 존재로만 자신을 인식하면서 생겨난 슬픔들입니다. 슬픔을 정화하려면, 내가 인간적 자아를 넘어 신성한 빛의 존재임을 자각하는 것이 중요합니다.

나는 영혼의 본성과 나자신의 신성을
완전히 받아들이고 감사로 수용합니다.

감사연습 Q&A

새로운 에너지를 채우는 호흡법은 어떻게 하나요?

감사연습을 시작하기 전에 의식적으로 호흡하기를 연습합니다. 깊게 호흡하면서 묵은 에너지를 풀어내고 신선한 새 에너지를 몸 안으로 받아들입니다. 호흡은 에너지를 채우는 가장 좋은 도구입니다. 에너지는 나의 의도와 선택에 반응하며 일하기 시작합니다. 깊게 들이마시고 아랫배에서 온기가 느껴지게 반복해서 연습합니다.

탁한 에너지를 제거하고 새로운 에너지를 강력하게 채워야 하는 경우에는 3단 호흡법을 활용합니다.

편안한 자세에서 양 주먹을 쥐고 입을 다물고 코로 천천히 숨을 들이마십니다. 새로운 에너지가 코와 미간으로 들어오고 있다고 상상합니다. 숨을 멈추고 가슴과 아랫배에 5초간 힘을 줍니다. 새로운 에너지가 온몸에 가득 채워지는 것을 느낍니다. 주먹을 쥔 채로 탁한 에너지가 흘러나가는 것을 상상하면서 입으로 숨을 천천히 내쉽니다.

이렇게 3회 반복하면 에너지가 충만해지는 것을 느낄 것입니다.

호흡 중에 에너지가 막힌 기혈을 뚫으면서 어지러울 수 있습니다. 이때는 몸을 이완하고 잠시 쉽니다. 시간이 날 때마다 매일 3~5회 이상 실천하면 에너지가 막히지 않고 활기찬 하루를 보낼 수 있습니다.

묵은 감정이 떠나가도록 허용한다는 의미는 무엇인가요?

기쁨, 사랑, 행복, 만족, 평안 같은 유익한 감정은 감사로 수용합니다. 화, 슬픔, 두려움 같은 인간적인 감정은 감사로 정화합니다. 감사는 감정이 몸에서 풀려나도록 도와줍니다. 감사로 억눌렸던 감정을 정화하고 놓아줍니다. 감정 자체는 잘못된 것이 없습니다. 하지만 감정의 에너지가 정체되면 문제가 됩니다. 감정이 잘 흘러나갈 수 있도록 허용이 필요합니다. 감정 표현이 어려운 분은 자신만의 안전공간에서 감정을 풀어냅니다. 묵은 감정 에너지를 붙잡고 놓아주지 않는 주체가 바로 나입니다. 감정을 놓아주려면 나의 허용이 필요합니다.

영적인 슬픔은 어떤 것들이 있나요?

모든 것들의 근원에서 태초의 빛들이 분리되면서 느꼈던 슬픔,
독립적이고 주권적인 존재로서 창조계를 체험하면서 겪었던 슬픔,
비물리적 차원에서 이원성의 에너지 게임 중에 겪었던 모든 슬픔,
영적 가족들과 함께 대립과 갈등의 체험을 하면서 겪었던 슬픔,
인간으로 화신하기 위해 영적 가족과 이별한 슬픔,
자신의 진짜 정체성을 잃어버리고, 자신이 누구인지 기억해 내지 못하는 기억상실의 슬픔이 있습니다.
이러한 영적인 슬픔들도 감사로 정화합니다.

감정을 정화하겠다는 위대한 선택이 필요한 이유는 무엇인가요?

지금 내가 과거현재로 사는지, 아니면 미래현재로 사는지 알아채야 합니다. 과거의 패턴(과거기억)을 지금 이 순간에 반복하고 있다면 과

거 현재를 살고 있는 것입니다. 어제와 같은 오늘, 오늘과 같은 내일이 변함없이 반복될 것입니다. 만약 지금 이 순간 내가 어제와 같은 오늘을 살지 않고, 한 번도 해보지 않은 새로운 시도(미래기억)를 한다면 어떻게 될까요. 어제와 다른 오늘을 살면, 오늘의 결과로 내일도 바뀌게 됩니다.

위대한 선택은 내 삶의 터닝 포인트를 만드는 주권적인 선택을 말합니다. 위대한 선택은 일상의 사소한 선택이 아닙니다. 사소한 선택은 양보해도 됩니다. 하지만 자신의 삶을 바꿀 위대한 선택은 결코 양보하거나 협상하지 말고, 끝까지 포기하지 않고 꾸준히 실천하면 반드시 현실로 구현됩니다.

예를 들어, 늘 그랬듯이 어제처럼 오늘 점심에도 혼자서 밥을 먹을 것이 분명합니다. 특별한 선택을 하지 않으면 내일 점심도 오늘처럼 보낼 것입니다. 하지만 오늘은 점심때 다른 사람들과 밥을 먹고, 나를 건강하게 만드는 운동을 하겠다고 선택했다면 어떻게 될까요? 달라진 오늘의 선택이 내일의 점심시간도 바뀌게 합니다. 점심 메뉴로 자장면을 먹을까 짬뽕을 먹을까 하는 사소한 선택은 다른 사람에게 양보할 수 있지만, 점심에 운동을 하려는 위대한 선택을 양보해서는 안 됩니다.

위대한 선택은 인생의 경로를 바꾸는 선택입니다. 꿈과 비전 세우기, 자기계발하기, 성격 바꾸기, 말투 바꾸기, 이름 바꾸기, 이사하기, 진학하기 같은 개인적인 선택에서, 새로운 만남, 결혼, 이혼, 창업, 취업 같은 관계의 선택까지, 인생의 흐름을 바꾸는 선택은 신중하지만 결단이 필요합니다. 위대한 선택은 도전과 용기가 필요합니다.

슬픈 과거를 풀어내고 치유된 미래의 모습을 선택하는 것도 위대한 선택이 필요합니다. 위대한 선택이란 포기하지 않고 목표를 달성할 때까지 자신을 신뢰하면서 가야 하는 선택입니다. 과거를 내려놓는 것은 어렵지만 포기하지 않고 도전해야 합니다. 미래의 나를 지금 여기로 가져오는 것은 많은 에너지가 필요하지만 도전해야 합니다. 미래비전을 상상의 눈으로 보고 그것만 생각하면서 전진해야 합니다. 미래비전에 집중하지 못하도록 과거기억이 나타나 방해한다면 감사로 과거기억을 정화하고 흘려보냅니다.

감정을 흘려보내는 것이 잘 안되는데 어떻게 할까요?

먼저 감정을 수용해야 합니다. 감정을 수용한다는 것은 감사하며 느끼는 것입니다. 수용되지 않는 에너지는 변형되지 않습니다. 슬픔과 분노의 감정을 있는 그대로 느끼는 것입니다. 감정을 억압하지 않고 감정을 더 부풀리지도 않고, 어떤 조작이나 과장이나 판단 분별 없이, 그냥 있는 대로 느끼는 것입니다.

감정을 감사로 수용하고 있으면, 감정은 저절로 사라집니다. 감정을 조작하려고 할 때 문제가 생깁니다. 감정을 있는 그대로 허용해 주면 편안한 삶을 살아갈 수 있게 됩니다. 감정에게 감사할 수 있어야 감정에 휘둘리지 않고 감정을 정복하게 됩니다. 조작, 과장, 억압으로는 문제가 커지고 어려워질 것입니다.

불편한 감정도 허용해 주어야 하나요?

본질적으로 모든 것이 다 신성의 표현입니다. 감정도 신성한 사랑을 표현하는 것입니다. 좋은 감정, 불편한 감정 모두 다 신성한 것입니다. 감정은 잘못된 것이 아닙니다. 나쁜 감정을 완전히 있는 그대로 느끼고 허용해 줍니다. 그러면 자연히 정화되어 사라집니다. 불편한 감정을 충분히 체험했다면, 자신에게 유익한 감정으로 편안해지기를 원한다면, 긍정적인 감정을 선택하면 됩니다. 어떤 선택을 하든 긍정적 실현원리가 실현해 줄 것입니다.

감정을 정화하려고 해도 몸이 불편해서 자꾸 짜증이 납니다. 어떻게 정화할까요?

감정 정화를 날마다 하다 보면 불편한 감정에서 벗어나 평화로운 상태에 도달합니다. 다른 사람의 감정에 휘둘리지 않고 선택적으로 반응할 수 있는 여유도 생깁니다.

감정은 몸의 독소나 노폐물과도 관련되어 있습니다. 기분 나쁜 감정은 몸에서 독소 배출이 잘 안되게 하고, 감정 독소도 만들어냅니다. 감정 정화와 함께 인체 정화도 함께 진행하면 훨씬 효과적입니다. 독소나 찌꺼기가 남아있으면 불편한 감정을 일으킵니다. 디톡스, 항산화, 영양 공급을 하는 해독 프로그램을 하거나, 마사지, 운동, 요가로 몸을 풀어주면 훨씬 기분이 좋아질 것입니다.

16일 차 감사연습

주제 : 두려움

　두려움은 본능과 직결된 가장 원초적인 감정입니다. 두려움은 생존과 번식, 보호와 방어, 활동과 관계의 전 영역에 관여합니다. 두려움은 생물학적(본능적) 두려움과 심리적 두려움, 그리고 영적 두려움(카르마)까지 다양한 수준에 걸쳐있습니다.
　몸이 얼어붙고 소름이 끼치며 겁이 나고 무서움을 느끼는 생물학적인 반응은 생존 본능에서 나오는 두려움입니다. 생물학적 위협이 없어도 마음속에 두려움들이 많이 있습니다. 예를 들면, 새로운 일을 시작할 때도 잘 못할까 봐 두렵고, 일이 잘못될까 봐 두려워합니다. 나를 힘들게 하는 사람을 만나는 것도 두렵고, 귀신같은 것이 나타날까 봐 두렵고, 곤충이나 파충류를 보기만 해도 두렵습니다.

　본능적이든 심리적이든 두려움의 감정에서 벗어나려면 감사로 정화하고 한 차원 더 올라서야 합니다. 근원적으로 두려움도 신성의 일부로서 허용된 것임을 알아야 합니다. 두려움은 근원에서 존재(영혼)로 분리되면서 시작된 가장 원초적인 감정입니다. 두려움은 영혼의 체험과 여정을 위해 봉사해 왔습니다.
　두려움을 회피하지 말고 직면해야 해결할 수 있습니다. 두려움을 받아들이고 감사로 정화합니다. 두려움은 감사로 통합해야 할 나의 일부입니다. 두려움은 신성의 한 측면입니다. 두려움을 품을 때 진정한 내면의 평안과 힘을 회복할 것입니다.

나는 영혼의 안전한 여정을 위해 두려움이 주어졌음을
이해하고 감사로 수용합니다.
나는 본능적인 두려움이 몸을 안전하게 지켜주고 있어 감사합니다.
나는 두렵게 만드는 수많은 정보들을 감사하며 흘려보냅니다.
나는 두려움을 회피하지 않고, 있는 그대로 두려움을
느낄 수 있어 감사합니다.

17일 차 감사연습

주제 : 본능적인 두려움

생물학적이고 본능적인 두려움은 몸이 있는 한, 없어지지 않는 두려움입니다. 이 두려움은 자연스럽고 적절하며, 생존의 위협으로부터 지켜주는 감정입니다. 위험한 상황에서 자신을 보호하고 다치지 않도록 알려주는 경고음이기도 합니다.

본능적인 두려움을 깊게 호흡하면서 감사로 정화하면 아무런 문제가 되지 않습니다. 본능적인 두려움은 생각으로 쉽게 제어되지 않습니다. 자연스럽게 허용하고 흘려보내는 것이 좋습니다.

인체의 본능프로그램은 수용본능, 정화본능, 존재본능, 영역본능, 모성본능, 방어본능, 번식본능, 공감본능, 관계본능, 통합본능 등이 있습니다. 이외에도 치유와 균형을 위한 생체 유지 프로그램도 있습니다. 본능 정화는 200일 감사프로젝트에서 다루게 됩니다. 21일 감사프로젝트에서는 생존과 관련된 본능적인 두려움을 이해하고 감사로 흘려보내는 연습을 합니다.

나는 내가 죽을까 봐 두려워했던 기억을 감사로 정화합니다.
나는 병으로 고통받을까 봐 걱정했던 기억을 감사로 정화합니다.
나는 아이를 잘 낳지 못하거나, 자식을 잘 키우지 못할까 봐
근심했던 마음을 감사로 정화합니다.
나는 돈이 없어, 살 곳도 없어, 먹을 것도 살 수 없어
생존의 위협을 느꼈던 과거의 기억을 감사로 정화합니다.

18일 차 감사연습

주제 : 심리적 두려움

심리적인 두려움은 환망공상이 일어나는 심리 공간, 즉 내면 현실에서 나옵니다. 심리적 두려움은 심리화 장애와 신체화 장애를 일으킵니다. 심리화는 심리 공간에 두려움이 자리를 잡은 것으로, 마음이 고장 난 상태를 말합니다. 공포, 걱정, 불안 등의 심리화 장애가 몸에 영향을 주어 신체화 장애로 발전합니다.

꿈과 이상, 돈과 재정, 질병과 건강, 일과 업무, 대인관계와 관련된 심리적인 두려움을 감사로 정화하고 흘려보냅니다. 빚을 갚을 수 없어서 두렵거나, 카드 결제일이 다가오면서 돈이 걱정되거나, 관계가 좋지 않은 사람과 만나는 것이 두렵거나, 자신의 진로를 결정하기가 두렵거나, 어떤 일을 시작하기가 두렵거나, 어떤 질병이나 건강에 대한 염려가 있다면 감사로 정화합니다.

나는 정면으로 바라보지 못하고, 회피하고 있는 두려움을
감사로 정화합니다.
나는 익숙한 환경에서 벗어날 때 느껴지는 불안감을
감사로 정화합니다.
나는 거절당할까 봐 걱정하는 마음을 감사로 정화합니다.
나는 혼자만 따돌림당할까 봐 걱정하는 마음을
감사로 정화합니다.
나는 나의 사업이 성공하지 못할까 봐 걱정하는 마음을
감사로 정화합니다.
나는 부모님으로부터 사랑을 받지 못할까 봐 걱정하는 마음을
감사로 정화합니다.
나는 부끄러운 죄를 용서받지 못할까 봐 걱정하는 마음을
감사로 정화합니다.
나는 탄생 과정이나 어린 시절에 받은 상처와 트라우마를
감사로 정화합니다.
나는 두려움을 경험한 과거기억을 감사로 정화합니다.

감사연습 Q&A

두려움과 걱정을 어떻게 정화하나요?

두려움, 불안, 걱정, 공포는 모두 같은 감정에 속합니다. 두려움은 자연스러운 감정이며 흘려보내면 아무런 문제가 되지 않습니다. 하지만 두려움을 억누르고 표현하지 않으면 뇌의 불안 회로가 꺼지지 않고 끊임없이 걱정하는 불편한 상태가 됩니다.

두려움이 너무 과도해 공포로 발전한다면 문제가 심각해집니다. 공포의 대상에 따라 밀실 공포, 죽음 공포, 고소 공포, 곤충 공포, 파충류 공포, 대인 공포 등 수많은 장애를 일으킬 수 있습니다.

두려움을 충분히 느껴주고 감사하며 떠나보냅니다.
두려움의 에너지를 완전히 수용하고 감사하며 풀어줍니다.
두려움이 서서히 풀려나 자유롭게 빠져나가도록 허용합니다.

두려움이 잘 정화되지 않는다면, 감사기도를 하면서 생명의 빛으로 몸과 마음을 정화하고 씻어냅니다. 왜곡된 에너지장이 치유되면서 두려움의 감정도 사라질 것입니다.

인간은 미래를 기억하지 못하므로 끊임없이 근심하고 걱정합니다. 알 수 없는 미래에 대한 두려움으로, 앞으로 일어날 일들이 어떻게 될지 걱정하게 됩니다. 일들이 어떻게 진행될지, 일들이 잘 풀릴지, 미래를 어떻게 준비하고 대처해야 할지, 걱정이 태산처럼 쌓입니다. 사실 대부분의 걱정은 별 의미가 없는 불필요한 것입니다. 실제 도움이 되는 걱정은 5%도 안 됩니다. 문제를 예방하고 전략과 계획을 세우는 것도 걱정을 줄이는 데 도움이 됩니다.

두려운 과거기억 때문에 습관적으로 걱정이 일어난다면 감사로 정화합니다. 불필요한 걱정에서 완전히 벗어나는 방법은 자신을 완전히 신뢰하고 모든 것을 전면적으로 수용하는 것입니다. 미래를 완전히 수용하면 걱정이 사라집니다. 내가 원하는 일부만 수용하고, 내가 원하지 않는 부분을 수용하지 않으면 걱정을 하게 됩니다. 마찬가지로 미래에 대하여 일부만 감사하고, 좋지 않은 부분을 감사하지 않으면, 미래에 일어날 일들에 대하여 걱정하는 마음이 일어납니다.

내가 맞이할 미래는 인간적인 의지와 관계없이, 보편적인 진리와 긍정적 실현원리에 의해 다가오는 것입니다. 자연과 우주의 신성한 섭리에 맞게, 자신의 의도를 맞추어야 원하는 미래를 실현할 수 있습니다. 걱정할 시간이 있다면 그 시간에 감사연습을 하고, 자신의 의식을 확장해 가는 것이 더 유익합니다.

신체화된 장애를 어떻게 정화하면 되나요?

자신의 가치를 평가절하하고 비하하여, 스스로 자존감을 떨어뜨리고 자신감을 잃게 만들면, 근골격계, 혈관계, 림프계의 장애로 신체화되어 나타납니다. 자신의 삶의 영역을 안전하게 확보하지 못한 두려움은 방광과 직장의 문제로 나타납니다. 두려움으로 인하여 근막이 경직되어 있다면 감사로 정화합니다. 두려움은 인체 전반에 걸쳐 다양한 문제를 일으킵니다. 두려움으로 긴장된 몸을 쓰담쓰담, 톡톡 하면서 엄마의 마음으로 감사해 줍니다. 세포에 각인된 두려움이 완전히 정화될 때까지 감사연습을 반복해서 실천해야 합니다.

19일 차 감사연습

주제 : 행복

　행복은 즐겁고 기분 좋은 감정입니다. 행복은 누구나 원하는 인간적인 감정입니다. 많은 사람들이 행복을 추구하지만, 행복은 잡을 수 없는 신기루와 같이 저 멀리 미래에만 있고, 현실은 불행하기만 합니다. 행복을 쫓아가지만 완전히 소유할 수 없습니다.

　왜냐하면 인간적인 행복은 조건적이기 때문입니다. 본능적 욕구와 심미적, 경제적, 이상적 욕구들이 충족되지 않으면 행복하지 않기 때문입니다. 어떤 조건이 만족해 행복한 느낌이 들기도 하지만, 아주 짧은 순간뿐이고 다시 불행한 상태로 들어갑니다. 현대의 문명사회는 스트레스 요인이 많아 미개발된 사회보다 행복의 순위가 더 낮습니다.

　행복을 추구하지 말고, 지금 이 순간 행복을 선택하면 행복을 소유할 수 있습니다. 내가 어떤 상황에 있든지, 내가 어떤 삶을 살아왔든지 관계없이 행복한 상태로 전환할 수 있습니다. 행복을 선택하고 감사로 수용하세요. 너무나 단순하지만 그것이 행복을 얻는 비법입니다.

　　　나는 지금 이 순간 행복을 선택하고 행복을 느낍니다.
　　　　나는 행복한 나를 감사하며 받아들입니다.
　　　　나는 불행한 나를 감사하며 받아들입니다.
　　　나는 아무런 조건 없이 행복할 수 있어 감사합니다.

20일 차 감사연습

주제 : 황홀과 중독

행복감을 격렬하게 표현하면 오르가슴으로 발전합니다. 너무나 행복하면 우리 몸에서 행복 호르몬과 신경전달물질을 과도하게 분비하면서 육체의 에너지를 빠르게 소모할 수 있습니다. 황홀한 감각이나 오르가슴은 스트레스를 해소하는 데 도움이 되기도 하지만, 너무 과도하게 황홀감을 느끼려고 하면 쾌락에 빠질 수도 있습니다. 자신을 흥분시키고 기분 좋게 만드는 술과 담배 같은 기호품, 마약, 성적 남용, 스포츠나 도박 같은 짜릿한 흥분을 느낄 수 있는 것에 빠져들게 됩니다. 점차 스스로 쾌락에서 빠져나올 수 없는 상태가 되어 중독으로 발전합니다.

중독은 자신에 대한 주권적 통제권을 상실하고, 스스로 선택할 수 없는 상태를 말합니다. 황홀감을 너무 추구하면 자칫하면 중독에 빠져들 수 있습니다.

내가 통제하지 못하는 집착과 중독의 대상, 나에게 황홀감과 오르가슴을 느끼게 하는 대상이나 취미 등을 감사로 정화합니다. 스스로 통제할 수 있다면 아무런 문제가 되지 않습니다. 통제할 수 있는 대상과 통제가 잘 안되는 대상 모두를 감사로 정화합니다.

나는 술과 담배에 빠져있어 감사합니다.
나는 술과 담배를 즐기고 행복을 느낄 수 있어서 감사합니다.

나는 술과 담배를 나의 의지대로 완전히 내려놓을 수 있어
감사합니다.
나는 술과 담배를 의존하지 않아도 행복할 수 있어 감사합니다.

21일 차 감사연습

주제 : 만족과 불만족

기대와 욕구가 충족되면 만족감을 느낍니다. 기대한 대로 되지 않거나 욕구가 충족되지 않으면, 불만이 생기고 불평을 하게 됩니다. 기대감과 욕구가 너무 크면 정신적인 문제가 생깁니다. 기대가 성취되지 않을까 봐 지나치게 고민하고 긴장하면 신체화 장애까지 나타날 수 있습니다.

사람들과 관계가 꼬이고, 일들이 잘 안 풀리는 이유는 불평불만 때문입니다. 불평불만이 많아지면, 조직이 와해되고 사람들이 흩어집니다. 돈의 흐름도 막히고 사업도 어려워집니다. 내가 상대방을 공격하면 나도 공격을 받습니다. 내가 불평불만으로 비방하고 공격하면, 나의 몸과 마음의 건강을 해칠 뿐만 아니라 다양한 형태로 공격받게 됩니다. 비난, 가짜 소문, 고소·고발, 넘어짐, 자동차 사고, 싸움 등의 사건 사고들은 내가 공격한 결과물입니다. 공격을 멈추고 감사하면, 다른 사람들도 나에게 감사하게 됩니다.

나는 불평불만을 일으키는 인간적 기대를
감사로 정화하고 떠나보냅니다.

내가 만족했던 모든 일들과 사람들에 대하여 감사로 수용합니다.
내가 불만족했던 모든 일들과 사람들에 대하여 감사로 정화합니다.
나의 인간적 욕구와 미래에 대한 기대도 감사로 정화합니다.

감사연습 Q&A

감사연습을 하면서 운동을 해도 되나요?

가벼운 스트레칭, 산책하기, 걷기, 요가, 태극권, 기공 등 부드러운 운동을 함께 하면 좋습니다. 가볍고 즐거운 운동은 에너지를 잘 흐르게 하고 깊은 호흡을 하는 데 도움이 됩니다. 에너지 흐름을 방해하거나 에너지를 밀어붙이는 격렬한 운동은 감사에 집중하기도 어렵고 건강도 해칠 수 있습니다.

감사연습에 도움이 되는 음식이 있나요?

몸이 원하는 음식이 어떤 것인지 느껴보고, 느낌대로만 섭취한다면 어떤 음식이든지 가릴 필요는 없습니다. 몸은 스스로 음식의 에너지를 조정하는 능력을 가지고 있습니다. 몸은 음식에 담긴 다른 사람들의 의식들도 정화해 낼 것입니다. 하지만 감사연습을 하는 동안 몸의 부담을 줄이기 위해 자연의 생명 에너지가 충만한 신선식품을 위주로 식사를 하는 것이 좋습니다. 가공된 음식을 먹더라도 신선한 음식과 섞어 먹는 것이 좋습니다. 음식은 천천히 오래 씹어 드시고 조금 적게 드십시오.

채소나 고기는 기르고 수확하고 도살한 사람의 의식까지 담겨있습니다. 음식물에 따라 에너지 진동률이 다른데, 특히 낮은 진동의 음식은 에너지 수준을 올려야 하기 때문에 몸에게 부담이 될 수 있습니다. 호흡하면서 음식물에 자신의 에너지를 불어넣으면 음식물의 에너지가 정화되어 진동이 높아집니다.

자신의 몸이 원하면 먹고 원하지 않으면 먹지 않는 원칙을 지켜나가면, 몸에 필요한 영양과 에너지가 적절하게 공급될 것입니다. 단, 중독성 식품은 잘 느껴보세요. 건강보조식품, 다이어트, 체질 식단, 생채식 등 다양한 먹거리와 식사법을 잘 느껴보시고 선택하세요. 보조 식품이나 영양제는 일시적으로만 섭취하시고 몸이 원하지 않으면 끊었다가 다시 섭취하면서 조절해 가시기 바랍니다. 일반적인 섭취 기준을 따르기보다는 자신의 몸을 신뢰하고 느낌을 따르세요.

참고로 자신에게 맞는 먹거리와 건강식품을 알고 싶다면, 에너지 테스트를 하는 방법을 배우거나 상담을 받아보시기 바랍니다. 무엇보다도 자신의 감각을 따르는 것이 중요합니다. 어떤 분은 후각으로 유익한 음식을 찾아내기도 하고, 어떤 분은 위장 부위의 감각으로 찾아내기도 합니다. 몸이 알려주는 방식은 너무나 다양합니다. 자신만의 방법을 개발해야 합니다. 몸은 항상 어떤 것이 유익한지 느낌으로 알려줍니다. 느낌을 신뢰하기가 어렵기는 하지만, 신뢰하면 할수록 느낌은 점점 더 명확해집니다.

수면 중에 처리된 독소는 입으로 배출됩니다. 아침에 일어나 물을 바로 마시지 말고 입안을 오일이나 양자화된 미네랄워터로 헹궈주면 좋습니다. 환원력이 강하고, 양자화된 미네랄이 풍부하며, 클러스터가 작은 알카리성 워터는 몸을 정화하는 데 도움이 됩니다.

약이나 건강식품을 먹기 전에 몸에게 물어보는 습관을 가지면 건강 관리에 유익합니다. 몸은 현재 컨디션에 따라 매번 다른 대답을 할 수 있습니다. '이 식품이 나에게 도움이 됩니까?'라고 세포에게 물어보세요. '네, 먹는 것이 좋겠습니다'라고 응답할 때도 있고, 어떤 경우에는

'아니요, 안 먹어도 됩니다'라고 응답할 것입니다. 몸을 신뢰하고 따르세요.

산책하면서 감사연습을 하면 좋은 이유는 무엇인가요?

감사연습은 앉아서 하는 것보다는 움직이면서 하는 것이 더 유익합니다. 걸어가면서 신선하고 생명력이 충만한 자연의 공기를 마셔줍니다. 산책을 하면서 햇볕을 쬐면 비타민D3를 생성하고 간차원적 DNA을 깨우는 데 도움이 됩니다. 15~30분 정도 햇빛을 받으면 좋습니다. 햇빛은 근원이 보내는 우주 정보를 담고 있습니다. 산책로가 맨땅이라면 맨발로 걸으면서 감사연습을 해보세요. 맨발로 지구와 연결하면, 지구 표면의 자유전자가 몸속으로 흘러들어와 유해한 양이온성 에너지와 활성산소를 중화시켜 줍니다.

감사노트

1. 나는 항상 언제 어디서나 나의 근원과 함께하며 근원에게 감사합니다.
2. 나는 몸을 완전하게 치유하고 있는 나의 세포들에게 감사합니다.
3. 나는 내가 해야 할 일들이 적절하게 잘 진행되고 있어 감사합니다.
4. 나는 가슴을 열고 나의 영혼이 깨어나고 있어 감사합니다.
5. 나는 떠오르는 오래된 기억들을 감사로 정화합니다.

감사연습

미처 소화해 내지 못했던 나의 유년 시절의 기억들이 떠오릅니다. 술과 여자로 현실을 도피했던 안일하고 무책임한 아버지, 여자의 삶을 무가치하게 평가하고 인격적으로 모멸감을 느끼게 했던 할아버지와 이기적인 아버지의 형제들이 떠오릅니다.

그들 중 한 악마는 가녀린 아이의 영혼을 짓밟았습니다. 누구의 보호도 없이 혼자서 커다란 악마에게 죽을힘을 다해 저항했습니다. 온몸이 돌처럼 딱딱하게 굳고 숨조차 쉴 수 없는 공포 속에서도, 아무것도 모르는 어린아이는 지옥 같은 고통에 몸부림치며 누군가를 기다립니다. 이 악마에게서 아이를 구해줄 누군가는 아무도 오지 않습니다.

그 악마와 아이만이 그 시간에 있었습니다. 누구도 알아서는 안 되는 둘만의 비밀이라고 속삭입니다. 진실을 말하면 모두가 상처받습니다. 어린아이는 입을 열지 못합니다. 그 기억을 지우고만 싶었고, 그 기억을 지워야만 살 수 있었습니다. 어린아이는 행복해지길 원합니다. 하지만 아이의 목소리는 점차 작아지고 눈물만이 유일한 위로였습니다. 그 아이는 행복해지기 위해 견디고 견디어야 했습니다.

부모의 갈등을 지켜보며 강직하던 엄마의 깊은 한숨과 눈물을 보며, 약자였던 엄마를 도울 수 없어 좌절했었던 기억, 아이에게 '남자란 여자를 짓밟는 악마와 같은 존재였으며, 똑같이 되돌려 주고 싶은 복수의 대상이었습니다.

깊숙한 무의식 속에서 절대 나오지 못하게 누르고 있던 가슴 아픈 기억, 죽어도 소화할 수 없고 수용할 수 없는 두려움의 기억을 떠올리고 온전히 느껴줍니다. 내 안에서 힘들어했던 아이를 다시 보듬어 사랑해 줍니다. 기억의 이미지들을 떠올리며 감사로 정화합니다. 감사합니다. 감사합니다. 이제는 내면의 아이가 긴장을 풀고 편안해지도록 허락합니다.

감사기도

사랑하는 나의 근원이여.
생명의 빛으로 고통스러운 기억을 정화하고, 마음을 편안하게 해주셔서 감사합니다.
편안해집니다. 편안해집니다. 편안해집니다.
감사합니다.

Part 4

200일
감사프로젝트

21일 감사프로젝트를 마치고, 이어서 200일 감사프로젝트를 바로 진행합니다. 21일간의 연습으로 감사습관이 형성되기 시작했습니다. 이제부터는 습관이 하부의식에 정착될 수 있도록 200일 동안 연습해 갑니다. 감사연습이 습관이 되면, 연습을 빼먹은 날에도 감사연습이 생각나 계속 연습을 이어갈 수 있습니다.

각각의 감사연습 주제에 대하여 1~3일 정도 충분히 숙고하시기 바랍니다. 어떤 주제는 정화하기 쉽지만, 어떤 주제는 정화하는 데 오랜 시간이 걸릴 수 있습니다. 느낌이 오는 주제부터 먼저 하셔도 상관없습니다. 자신이 원하는 주제를 선정해 프로젝트를 진행하셔도 됩니다.

200일 감사프로젝트 주요 주제들

복합감정
좌절감, 초조, 지루함, 질투, 복수심, 시기, 부러움, 시샘, 상심, 거절, 고독, 절망, 우울, 냉담, 무관심, 부끄러움, 죄의식, 수치심, 굴욕감, 당황, 혼란, 흥분, 전율, 기대감

에고마인드
가상현실, 정체성, 생각, 신념 체계, 최면적 가르침, 질서, 거짓, 직감과 영감, 기준 척도, 프로그램, 분리, 분석, 카리스마, 하나의 마음, 에고 탈출

마인드게임
자기비하게임, 위장게임, 꾀병게임, 컨트롤게임, 거짓말게임, 희생자게임, 해답 찾기게임, 감염게임, 무감각게임, 망각게임, 베일게임, 의존게임

☞ 감사연습 2편에서는 카르마, 에너지게임, 서브마인드(본능), CTS(갈등, 트라우마, 스트레스)를 감사로 정화하고, 기억을 치유하는 감사프로젝트에 대하여 다룹니다.

01 복합감정 정화하기

좌절감

좌절감은 분노와 두려움이 혼합된 복합감정입니다. 좌절감이 깊어지고 확대되면 초조하고 조바심이 생기고 성급하고 조급해집니다. 좌절감을 억압하고 표현하지 않으면 열정이나 도전을 하지 않고, 무료하게 시간을 보내면서 지루하고 따분한 사람이 됩니다. 자신감도 없고 자기 자신을 비하하면서 무기력하게 됩니다.

뭔가를 해낼 수 없었거나, 자신의 의지와 관계없이 꺾이거나, 대인관계, 사업, 공부에서 실패를 경험하거나 경제적 문제로 꿈을 포기했던 수많은 좌절을 경험해 왔습니다.

좌절하면 자신에게 화도 나지만 두려움도 함께 느끼면서 감정적으로 힘든 상태가 됩니다. 좌절이 너무 지속되거나 반복되면 인생은 고통스럽게 됩니다. 좌절을 극복할 가장 최고의 방법은 자기비하를 멈추고 자신을 신뢰하고 사랑하는 것입니다.

나를 좌절시킨 사람들을 감사합니다.
나를 좌절시킨 재정적 문제들을 감사합니다.
나를 좌절시킨 나의 무능함과 의지력이 약한 나에게 감사합니다.
좌절을 통해 남아있는 두려움과 분노, 슬픔을 감사합니다.
좌절과 관련된 모든 감정과 사람들과
자신의 측면들과 환경까지 모두 다 감사합니다.
모든 것이 다 괜찮고 좋습니다.

모든 것이 다 아무런 문제가 없습니다.

　수용할 수 없었던 좌절은 나의 위장에 남아있을 수도 있습니다. 감당할 수 없었던 좌절이 나의 심장을 압박하고 있을 수도 있습니다. 일터에서 느꼈던 분노와 두려움의 좌절감이 나의 방광을 긴장시키고 있을 수도 있습니다. 배출할 수 없었던 좌절이 나의 대장에 변비로 남아있을 수도 있습니다. 무기력하고 무능력한 좌절감이 나의 근육의 긴장으로 남아있을 수도 있습니다. 좌절의 과거기억정보가 내 몸 어딘가에 저장되어 있습니다.

　좌절의 기억을 감사로 정화하고 떠나보냅니다. 깊게 호흡하고 이완하면서 좌절감을 떠나보냅니다. 좌절의 기억을 감사하며 보내주세요. 좌절의 에너지를 감사하고 축복하면서 풀어주세요.
　정체된 에너지는 풀려나기를 기다리고 있습니다. 좌절의 에너지를 풀어달라고 몸에 불편한 신호를 보냅니다. 불편한 신호를 느낀다면 깊게 호흡하면서 풀려나도록 허용해 주세요. 더 이상 좌절을 담고 살 필요가 없습니다. 좌절을 놓아줘도 됩니다. 좌절은 충분히 나의 삶에서 봉사했고 이제는 더 이상 좌절이 필요하지 않습니다. 좌절을 감사하고 축복하며 떠나보냅니다. 좌절 없는 기쁨의 삶을 허용합니다.

초조

　좌절감으로 두려움이 더 커지게 되면, 초조해지고 조바심이 나며 성급하게 일을 처리하려고 합니다. 안절부절못하는 상태는 또다시 좌절하지 않으려는 저항입니다. 초조한 상태는 실패할까 봐, 일이 잘못될까 봐 두려워 걱정하는 것입니다. 성급하고 조바심이 나는 상태는 빨리 일을 처리해 좌절하지 않으려고 서두르는 것입니다.

내가 지금까지 경험했던 초조한 기억들을 감사합니다.
나를 초조하게 만든 모든 상황에 감사합니다.
나를 초조하게 만든 모든 사람들에게 감사합니다.
나는 초조하고 성급한 마음에 감사합니다.
나는 초조와 관련한 좌절, 실패, 서두름, 성급함, 안절부절,
걱정을 모두 풀어놓게 되어 감사합니다.

깊게 호흡합니다. 그리고 초조하고 성급한 마음을 떠나가게 허용합니다. 감사한 마음으로 잘 가라고 인사하며 보내줍니다. 나는 항상 언제 어디서나 초조함 없이 평온한 삶을 살아갑니다.

지루함

좌절감을 표현하지 못하고 좌절을 지속하면, 아무런 열정도 없이 무료하게 시간을 보내면서 지루하고 따분한 상태에 빠져듭니다. 자신감도 없고 새로운 열정이나 도전에 대한 욕구도 없이, 그저 마지못해서 살아가며 시간이 지나가기만을 기다립니다.

좌절하면서 자신을 평가절하했던 과거기억을 정화합니다.
아무런 열정도 없이 지루하게 시간만 보낸 자신을

온전히 감사합니다.
정화하고 남은 빈 공간을 자기존중과 자신감으로 채웁니다.

지루한 삶으로 계속 남아있을 것인가, 새로운 열정으로 도전하는 삶으로 나아갈 것인가? 인생의 터닝 포인트, 선택에 달려있습니다. 당신은 선택과 허용의 창조자임을 잊지 마세요.

질투

질투도 분노와 두려움이 결합된 복합감정입니다. 질투가 거칠고 과하게 표현되면 복수심, 앙갚음의 감정이 되고, 억누르고 부드럽게 표현되면 시샘하고 부러워하며 시기하는 감정이 됩니다.

질투는 사랑받지 못할까 봐, 누군가를 잃을지도 모른다는 두려움, 그리고 자신과 남을 비교해 남이 더 가진 것을 선망하는 마음에서 비롯됩니다. 우리 삶 속에 잘 드러나지는 않지만, 자주 질투의 감정을 느끼며 살아갑니다. 마음은 질투라도 해서 자신이 살아있다는 것을 보여주려고, 비교하고 분노하고 두려워하면서 질투심을 만들어냅니다.

질투도 자신, 자신의 삶, 소유, 자산, 환경, 관계 등 모든 것을 다 감사로 수용할 때만이 치유하고 극복할 수 있습니다.

내가 사랑하는 사람이 나보다 다른 사람에게 더 관심을 갖더라도 감사합니다. 나보다 더 좋은 환경과 더 많은 것을 가진 가족, 친구, 동료에게 질투 대신 축복하고 감사합니다.

나보다 다른 형제자매를 사랑해 주었던, 나에게 주의를 더 주지 않고, 내가 필요할 때 없었던, 그래서 다른 형제자매에게 질투심을 갖게 만든 부모님에게 감사합니다.

나보다 많이 가진 부자들, 나보다 잘생기고 예쁜 사람들, 나보다 성격도 좋고 친구도 많아 질투의 대상이 되는 모든 사람들을 축복하고 감사합니다. 감사로 질투를 정화하고 축복해 주세요.

복수심과 시기

질투하는 감정이 지나치면 자신에게 해를 끼친 적이 없더라도 언젠가 내가 받은 대로 되갚아 주겠다는 복수심과 앙갚음의 마음이 일어납니다.

*내가 질투했던 사람보다 더 성공하고 출세해서
복수하려 했던 마음에 감사합니다.
내가 부러워하고 시기했던 사람보다 더 좋은 집,
더 좋은 차를 가지려고 했던 마음에 감사합니다.
내가 선망했던 사람보다 더 많이 배워서
지적으로 이겨보려고 했던 복수심에 감사합니다.
내가 질투했던 친구보다 더 공부를
잘하려고 했던 나를 감사로 수용합니다.*

나의 부러움과 질투, 시기와 복수심은 모두 다 자신에 대한 열등의식, 자기비하에서 시작된 것입니다. 질투하는 대상을 이겨보려 애쓰지만 실제로는 이길 수 없는 경우가 대부분입니다. 자신의 내면에 이미 열등의식이 자리 잡고 있기 때문입니다. 자신의 열등의식을 감사로 정화하고 자기신뢰와 사랑으로 채우는 것이 바로 질투에서 벗어나는 길입니다.

부러움과 시샘

남보다 더 많이 가지고 있지 못한 것들에 대한 열등감, 욕구를 충분히 충족하고 살아가는 사람들에 대한 부러움, 내가 선망하는 것들을 가지고 있는 사람들에 대한 시샘, 이런 감정들은 모두 다 비교하는 마음 때문에 일어난 것입니다. 선망의 대상은 돈, 자산, 능력, 기술, 외모, 피부, 지식, 힘, 권력 등 다양합니다.

나보다 더 아름다운 피부와 예쁜 얼굴을
가진 모든 사람들에 대한 부러움을 감사로 정화합니다.
나보다 골프도 잘 치고 운동 능력이 더 뛰어난 사람들에
대한 부러움을 감사로 정화합니다.
나보다 더 공부도 잘하고 많이 배운 사람들에 대하여 감사합니다.
나보다 더 많은 돈과 자산을 가지고 있어서
좋은 집에서 사는 사람들에게 감사합니다.
나보다 더 많은 권력이나 사회적 권위를
가지고 있는 사람들에게 감사합니다.
나보다 더 뛰어난 기술을 가지고 있어
기술적으로 우위에 있는 사람들에게 감사합니다.
아울러 나보다 더 가지지 못한 모든 사람들에게도 감사합니다.

부러움과 질투는 비교하는 마음에서 시작됩니다. 비교를 멈추면 지금의 나를 완전히 받아들일 수 있습니다. 남과 비교할 수 없는, 독립적이고 주권적이며 독특하고 유일한 나 자신을 있는 그대로 수용할 수 있습니다. 자기신뢰와 자기사랑은 전면적이고 완전한 수용에서 시작됩니다.

상심

상심의 감정은 분노와 슬픔이 결합된 복합감정입니다. 상심은 주로 사랑하는 사람에게 받은 감정적 상처 때문에 생깁니다. 사랑하는 사람과 이별, 사별, 이혼, 분가, 전근, 장기 출장 때문에 상심하기도 하고, 폭언이나 희롱, 부부싸움에서 상처를 준 말들로 가슴이 아파 상심하기도 합니다.

상심이 지나치면 모든 관계를 거부하고 대화를 거절하는 상태가 됩니다. 상심을 표현하지 않고 억누르면 고독감에 빠져듭니다. 대인관계를 단절하고 혼자 있으려고 합니다.

가볍게 웃자고 던진 말도 어떤 사람에게는 아픈 상처가 될 수 있습니다. 상심한 사람은 사소한 것에도 예민하게 반응하므로 대인관계에 문제가 생기기 쉽습니다.

나에게 상처를 준 사건, 상처를 안겨준 사람, 대인관계에서 감정적으로 힘들었던 일들에 대한 기억을 감사로 정화합니다.

나에게 성희롱을 한 사람을 용서하고 감사로 정화합니다.
나에게 폭언을 한 남편을 용서하고 감사로 정화합니다.

나를 비난하고 나에게 험담을 한 친구를
용서하고 감사로 정화합니다.
내가 사랑하는 사람과 이혼, 사별하면서 느꼈던 상심을
감사로 정화합니다.
나와 사귀었던 연인을 떠나보내면서 받은 상처를
감사로 정화합니다.
사업상 남편과 멀리 떨어져 살아야 하는 상심을
이해하고 감사로 정화합니다.
공부 때문에 아이를 멀리 유학을 보내면서 받은 상심을
감사로 정화합니다.
내가 좋아하는 공동체, 그룹, 회사, 단체에서 버림받거나
떠나야 했던 아픈 기억을 감사로 정화합니다.
내가 알게 모르게 다른 사람들에게 주었던 수많은 상처를
감사로 정화합니다.

다른 사람에게 받은 상처를 치유하는 가장 좋은 방법은 자기비하를 멈추고, 자신을 사랑하고 존중하는 것입니다. 상처의 원인은 다른 사람에게 있는 것이 아니라, 완전히 자신을 존중하고 사랑하지 못한 자신에게 있는 것입니다.

다른 사람이 나에게 어떻게 말하고 어떻게 대하든지 상관없이, 다른 사람이 나를 버리거나 떠나버리든지 관계없이, 체험한 그대로를 완전히 수용하고 감사하면 새로운 출발을 할 수 있게 됩니다. 치유되지 않은 상심은 반복적으로 대인관계 문제를 일으키지만 치유된 상심은 새로운 관계로 이끌어줄 것입니다. 상심도 자기존중과 사랑이 약입니다.

거절

　상심이 지나치게 표현되면 모든 사람들과 관계를 거부하고 사람들의 제안도 거절하며 단절합니다. 상대방의 제안, 요청, 선물, 호의, 사랑, 만남, 성적 접촉, 데이트, 돈, 에너지, 관심 등을 거부하고 거절합니다. 마찬가지로 거절당한 사람도 자신의 제안이 거절당해 감정적으로 상처받을 수 있습니다.

　거절하는 사람도 거절을 당하는 사람도 다 같이 기분 좋을 리가 없습니다. 모든 거절의 배후에는 상처받기 싫은 상심이 자리 잡고 있습니다. 사업이나 영업적인 제안에 대한 거절은 대부분 인격적인 거절이 아니라 쌍방의 의견이 불일치한 것이므로 협상하거나 새로운 제안으로 재도전하면 됩니다. 하지만 상심 때문에 상처받기 싫어서 대인관계를 거절하는 것은 치유가 필요합니다.

　사람들과 관계에서 많은 제안들과 요청들이 오고 갑니다. 다른 사람의 제안을 수용할 수도 있고 거절할 수도 있습니다. 내 제안과 요청이 거절될 수도 있습니다. 모두 다 자연스러운 일입니다. 하지만 거절의 상처 때문에 사람들을 만나는 것이 두렵다면, 상처를 감사로 정화해야 합니다. 거절이 아무런 문제가 되지 않도록 감정의 신경망을 단련해야 합니다.

나의 제안이 거절당해도 감사합니다.
내가 받아들일 수 없는 제안을 거절해도 괜찮습니다.
나에게 관심 가지고 다양한 요청과
제안을 해주신 분들에게 감사합니다.
내가 상처받을까 봐 거절했던 과거 경험들에 대하여 감사합니다.

상심은 결국 자기비하와 열등감에 빠져들게 합니다. 자신을 평가절하하고 무력화하여 자신감을 잃고, 관계를 거절하면서 자신을 보호하려고 합니다. 상심 또한 치유의 핵심은 자기존중과 사랑을 회복하는 것입니다. 거절이 익숙해질 때까지 감사연습을 반복합니다.

고독

상심을 하면 대인관계를 회피하고 홀로 있기를 원합니다. 혼자 외롭게 있는 것이 더 안전하고 편안하다고 느낍니다. 고독하게 살면서 점차 자신을 비하하고 무기력하게 만듭니다. 자기중심적인 1인 가족이 늘어나면서 가족관계가 약화되고 혼자서 생활하는 사람들이 늘어나고 있습니다. 혼자 살면서 외로움을 느끼는 시간이 많아집니다. 여기에 다른 사람에게 받은 상처 때문에 대인관계도 차단하면 외로움과 고독이 심각한 문제를 일으킬 수 있습니다.

사람들과 어울리는 관계에서도 인간은 누구나 고독감을 느낍니다. 근원과 영적인 분리로 독립적인 존재가 되면서 모든 영혼은 홀로 고독한 체험의 여정에 들어갔습니다. 고독은 영혼에 각인된 원초적인 감정입니다. 그래서 아무리 사람들과 관계를 맺고 함께 있어도 혼자라는 고독감은 항상 남아있습니다.

상심, 혼자 살기, 영적인 고독을 감사로 정화하면 고독에서 벗어나 새로운 관계를 다시 시작할 수 있습니다.

나는 상심으로 인하여 대인관계를 회피하고
외로움과 고독에 빠진 나 자신에게 감사합니다.

나는 어쩔 수 없이 혼자 살게 되면서 느끼는
외로움에 대하여 감사합니다.
나는 깊은 수준에서 느껴지는
영적인 외로움에 대하여 감사합니다.
나는 신성한 근원과 연결되어 사랑받고 있음을
자각하고 감사합니다.
나는 신성과 함께 오늘을 살아갑니다.

신성은 항상 지켜보고 있으며 외로운 영혼의 여정을 함께 동행합니다. 자신의 근원인 나자신과 관계를 회복하는 것이 고독에서 벗어나는 근본적인 해법입니다.

절망

절망은 두려움과 슬픔이 융합된 복합감정입니다. 절망은 미래에 대한 희망을 상실한 감정 상태입니다. 절망이 지나치면 우울해지고 급기야는 자살을 꿈꾸기도 합니다. 절망을 표현하지 않고 억압하면 어떤 것에도 관심이나 흥미를 느끼지 못하고 냉담하고 무관심하게 됩니다.

질투와 상심이 대인관계에 관한 감정이라면, 절망은 미래기억에 대한 감정입니다. 자신의 미래가 암울하거나 희망도 없고 기대할 만한 것도 전혀 없다면, 삶의 목표를 상실하고 급기야는 자신의 인격마저 잃어버린 상태가 될 수도 있습니다. 절망 상태에서는 잠재성에서 가져올 미래기억을 생각하지 못하고 부정적인 가능성에만 초점이 맞춰집니다.

절망에서 벗어나려면 마음의 컴퓨터를 잠시 꺼야 합니다. 마음은 아무리 계산을 해봐도 답을 찾지 못할 것입니다. 마음을 잠시 멈추고 자신의 가슴에서 나오는 느낌에 주의를 집중해 봅니다. 가슴은 새로운 목표와 열정, 꿈과 희망, 사랑과 자유, 선택과 상상이 흘러나오는 센터입니다. 가슴 센터는 영혼의 본성과 연결되어 있습니다.

에고의 마음에 저장된 과거기억과 부정적인 가능성을 감사로 정화합니다. 가슴에서 주어지는 새로운 미래기억을 감사로 수용합니다. 절망도 희망도 다 정화하고 초월하면 잠재된 미래기억이 다가옵니다.

나는 희망이 없는 절망 상태에 빠졌던
과거의 경험들에 대하여 감사합니다.
나는 돈 문제, 관계 문제가 발생할 가능성에 대하여 감사합니다.
나는 어떤 희망과 기대도 없는 암울한 미래에 감사합니다.
나는 목표도 없고 열정도 없는 나 자신에게 감사합니다.

우울

절망이 지나치면 의기소침해지고 우울해집니다. 희망을 상실하면 정말 죽고 싶을 정도로 어떠한 의욕도 열정도 재미도 없는 우울한 상태가 됩니다.

병리적인 우울은 뇌의 염증에서 옵니다. 뇌의 염증은 장누수증후군이나 소장내 미생물과다증, 칸디다증후군, 장내 독소와 면역 저하에서 시작되기 때문에 장을 튼튼히 하는 것이 중요합니다. 항산화와 디톡스, 부족한 영양공급, 식단 조절만으로도 우울증이 좋아집니다. 장이 짱짱하면 뇌도 짱짱하고, 장이 누수되면, 뇌도 누수됩니다. 장 건강이 뇌 건강을 좌우하므로 우울증은 장 건강에 달려있습니다.

  심리적인 우울은 희망과 기대를 잃은 절망이 지나치면서 가슴이 답답하고 기분이 꿀꿀해지고 의기소침하고 활력에너지가 고갈된 상태가 된 것입니다. 심리적인 스트레스 또한 장과 뇌에 영향을 주어 세로토닌, 멜라토닌, 피놀린이 부족해지면서 우울증과 불면증을 유발합니다. CTS(갈등, 트라우마, 스트레스)를 감사로 정화하고 새로운 희망과 목표를 갖는 것이 우울증 극복에 도움이 됩니다.

  만약 깨달음과 깨어남의 여정에 들어가 의식이 확장되고 있다면, 에너지변화증후군으로 우울증이 올 수 있습니다. 의식이 확장되면, 뇌의 에고마인드시스템이 새로운 프로그램으로 업그레이드됩니다. 새로운 프로그램에 맞게 신경세포의 시냅스 연결망이 재구성되면서 새로운 뇌신경망이 형성됩니다. 새로운 뇌신경망으로 전환하는 과정에서 우울증과 단기기억상실, 체중 변화, 식성 변화, 심한 감정 기복, 직업 이동, 상실, 꿈의 변화, 새로운 관계 형성 등 육체적, 정신적, 환경적인 변화를 겪게 됩니다.

> 나는 미래가 보이지 않는 절망에서 온 우울한 감정을 감사합니다.
> 나는 평소에 장이 안 좋아 우울해도 감사합니다.
> 나는 새로운 나로 변형되는 과정에서
> 우울증이 일어나도 감사합니다.

우울할 땐 나자신과 연결하고 더 높은 차원의 지혜를 구하세요. 고요하게 침묵하고 있으면 나자신의 메시지가 들려올 것입니다.

어렵고 힘든 일을 겪고 있는 때에는 '그냥 흘러가게 내버려 둬'라고, 부정적인 감정과 생각이 반복적으로 일어날 때에는 '더 이상은 안 돼, 멈춰'라고, 삶의 문제들을 받아들일 수 없을 때에는 '모든 것이 다 괜찮아, 아무것도 문제 되지 않아'라고 응답합니다.

냉담과 무관심

미래의 희망과 기대를 상실한 절망 상태에서 별다른 가치를 발견하지 못하면, 모든 일이나 사람들에게 냉담해지고 관심을 갖지 않게 됩니다. 일을 해도 그만이고 안 해도 그만이고 누군가와 만남도 아무런 가치가 없어 보입니다. 자신에게 이익이 될 것 같지 않은 일은 소홀하게 하고 자신에게 도움이 되지 않는 사람에게는 냉담하게 대하게 됩니다. 만나고 싶지 않은 사람의 전화나 카톡을 무시하고 관심을 두지 않습니다.

내가 사람들에게 냉담하게 대했던 기억들을 감사로 정화합니다.
나는 별로 중요하게 여기지 않고
소홀하게 처리한 일들에게 감사합니다.
내가 관심 없는 사람들과 소통을 하지 않게 되어 감사합니다.

절망, 우울, 무관심은 잘못된 감정이 아닙니다. 희망 고문과 기대감은 환망공상을 만들어내는 에고마인드시스템의 전형적인 감정 프로그램입니다. 희망과 기대대로 우주는 작동하지 않습니다. 우주는 신성한 보편적 진리를 긍정적 실현원리로 구현하고 있을 뿐입니다. 희망은 긍정적 실현원리에 의해 희망을 만들어낼 뿐입니다. 희망하는 대로 또 먼 미래의 희망을 만들어냅니다. 희망이라는 미래기억을 지금 여기에서 구현하려면 선택하고 허용해야 합니다.

절망과 우울을 통해 희망을 버리고 진짜 선택하고 허용하는 창조자로 태어나야 합니다. 그러하기에 절망하고 우울하고 냉담하고 무관심하는 것은 오히려 유익한 감정이 될 수 있습니다. 희망 고문과 절망을 정화하고 새로운 선택을 감사로 허용합니다.

부끄러움

인간의 에고마인드시스템(EMS)에는 선악을 판단 분별하는 프로그램이 탑재되어 있습니다. 인간은 양면성(double-faced)의 존재이면서 이원성(duality)을 기반으로 한 사유체계를 가진 존재입니다.

에고의 이원적 사고방식은 자신을 나쁘거나 악하다고 비하하거나, 잘못을 저지른 존재로 여기면서 죄책감과 부끄러움을 느끼게 만듭니다. 또 타인의 시선을 의식하면서, 자신의 잘못이 드러나지 않을까 두려워하곤 합니다.

부끄러움과 죄의식은 분노와 슬픔과 두려움이 융합된 복합감정입니다. 부끄러움은 잘못을 저질렀다는 과거기억에 대한 감정입니다. 이 상태에서는 자신감도 없고 떳떳하지도 못하고, 자신의 결점과 잘못을 인정하면서 자기를 비난하고 무력화합니다. 부끄러움이 외부의 시선에 의해 지나치게 객관화되면 수치심과 굴욕감이 되고, 내면에 억눌러 숨기면 그것이 드러나지 않을까 당황하고 혼란스러워합니다.

비밀로 간직한 내면의 숨겨진 의도가 드러나면 부끄러움을 느끼게 됩니다. 남의 시선까지 의식하면 수치스럽고 굴욕적입니다. 부끄러움이 드러나지 않도록 에고마인드시스템(EMS)은 긴장하고 혼란스러워합니다.

이러한 상태로부터 자신을 보호하기 위하여 양심이라는 프로그램이 내면에 장착되어 있습니다. 양심은 도덕, 법규 같은 사회의식에 반하는 잘못을 하지 못하도록 설정되어 있습니다. 양심 프로그램은 나를 위해 봉사하지만 초월해야 하는 제약이기도 합니다.

원래 인간은 부끄러움을 모르는 존재로 창조되었지만 대뇌에 장착된 판단 분별하는 에고마인드시스템이 선과 악, 참과 거짓, 빛과 어둠, 음과 양의 이원성과 대조적인 개념들을 이해하면서 부끄러움이 생겨나기 시작했습니다. 지배 세력은 부끄러움에 죄의식을 갖게 하여 인간을 통제해 왔습니다.

나는 과거에 지은 잘못에 대하여 부끄러워하는 기억을 감사로 정화합니다.

나는 숨기고 싶은 비밀이 들킬까 봐 걱정하는 마음을
감사로 정화합니다.
나는 양심을 어기고 잘못을 저질렀어도 나를 용서하고 감사합니다.
나는 비록 약점과 결점을 가진 인간적 존재로서 잘못을 저지르더라도
나 자신을 비하하지 않고 사랑하게 되어 감사합니다.

어린이는 엄마 지갑에서 돈을 훔친 것이 걸릴까 봐, 청소년은 자위행위를 엄마에게 들킬까 봐, 청년은 좋아하는 여자에게 마음이 들킬까 봐, 부모는 부부관계를 아이들에게 들킬까 봐, 장년은 명퇴당한 것을 마누라에게 들킬까 봐, 노인은 죽고 싶다는 거짓말을 들킬까 봐 걱정입니다. 숨기고 싶은 비밀 하나쯤은 누구나 가지고 있습니다. 들키고 싶지 않은 비밀도 감사로 정화합니다.

죄의식

인간의 삶은 자연스럽게 살 수 없게 되어 있습니다. 더 많이 먹고 더 많이 가지고 싶어도 참아야 하고, 더 자고 더 놀고 더 쉬고 싶어도 일을 해야 하고, 성적 충동도 억제해야 하고 속마음을 다 털어놓고 이야기하고 싶어도 참아야 합니다. 내면의 욕구는 함부로 표출되거나 충족되어서는 안 되는 제약과 한계가 설정되어 있습니다. 양심이라는 프로그램은 함부로 욕구를 충족하면 안 된다는 경고를 보내면서 나를 제어하고 있습니다.

인간 사회에서는 서로 지켜야 할 도덕적 규범과 남에게 피해를 주지 않도록 합의된 법규들에 의해 나의 삶을 제약하고 있습니다. 도덕과 법규는 편안하게 살기 위해 설정하고 합의한 기준 잣대로 이것들을 어기면 스스로 부끄러움을 느끼게 됩니다. 부끄러움을 잘 느끼지 못한 사람이더라도 타인의 시선을 의식해 수치심과 죄의식을 갖게 하여 물리적, 정신적 처벌을 받게 만듭니다.

인간의 본능과 영혼의 본성은 근본적으로 이런 제약들에 가둘 수 없습니다. 본능적인 충동과 욕구, 영혼의 자유는 인성으로 통제하고 가두고 억누르지만 언젠가는 터져 나오게 됩니다.

　욕구와 자유에 대한 통제는 언젠가는 실패하고 맙니다. 부끄러움과 죄의식 그리고 심판과 처벌로는 막을 수 없습니다. 왜냐하면 이것은 의식과 에너지에 관한 문제이기 때문입니다. 의식을 제한하거나 에너지를 가두거나 흐름을 막을 수 없습니다. 의식은 확장하고 에너지는 흐릅니다.

　영혼의 본성, 그리고 본성과 연결된 본능적 욕구가 누적되면, 에고마인드로는 통제할 수 없는 과부하가 걸리게 됩니다. 억누르고 통제하고 있는 본성과 본능의 에너지를 감사로 풀어놓아야 합니다.

　에너지가 풀려나면서 부끄러움과 죄의식이 느껴져도, 이것은 자연스러운 감정이며 잘못된 것이 아닙니다. 멈추지 말고 감사로 정화하면서 풀어냅니다. 더 숨기거나 억누를 수 없습니다. 오랫동안 풀려나지 못한 욕구와 충동이 풀려나면서 육체적, 심리적 질병을 일으킵니다. 질병은 에너지가 풀려나오는 힐링의 과정입니다.

나는 더 이상 부끄러워하거나 죄의식을 가지지 않고
나의 내면의 본능적 욕구를 표현하고 풀어낼 수 있어 감사합니다.
나는 성적 충동을 나의 안전한 힐링 공간에서
표출할 수 있어 감사합니다.
나는 때로는 양심과 도덕에 반하는 욕구와 충동이 있음을 알면서도
없는 척 외면하고 억눌렀던 기억을 감사로 정화합니다.
나는 나의 추악하고 잔인한 충동과 욕구를
부끄러워하지 않고 감사로 정화합니다.

*나는 가슴의 열망과 꿈을 부끄러워 감추고 표현하지 못한 것을
감사로 정화합니다.*

부끄러움과 죄의식은 남들이 오해하지 않도록 자신만의 안전한 공간에서 정화합니다. 죄의식은 자신을 조이게 하므로 벌을 받아 벌려주어야 합니다. 죄와 벌, 조임과 벌림은 에너지 균형 잡기 게임입니다.

수치심과 굴욕감

부끄러움은 자신의 양심에 어긋나는 의도를 품고 있거나 생각, 말, 행동으로 표현되었을 때 자신을 감추고 싶은 감정입니다. 부끄러움이 남의 시선을 의식해 더 확대되면 수치심과 굴욕감을 느끼게 됩니다.

예의범절이 엄격한 동양의 문화권에서는 타인이 나를 바라보는 시선을 더 의식하게 되므로 수치심을 경험할 기회가 많습니다. 수치스럽고 굴욕적인 일을 당하면 극단적으로 자결을 하는 경우도 있었습니다.

수치심도 자신에 대한 허용에 관한 문제입니다. 수치심은 시대와 장소에 따라, 각자의 양심의 범위에 따라 느끼는 정도가 다릅니다. 집안에서 벌거벗고 있어도 수치심은 느껴지지 않지만 밖에서 사람들이 바라보고 있을 때는 수치스럽습니다. 자신의 몸을 드러내는 게 아무런 부끄러움이 없다면 사람들이 쳐다봐도 수치스럽지 않습니다.

*나는 나의 몸을 완전히 드러내고 있어도
수치스럽거나 부끄럽지 않아 감사합니다.
나는 나의 어둡고 추악한 마음이 드러나도*

수치스러워하지 않고 감사합니다.
나는 수치심을 심어준 부모님, 선생님, 친구들,
그리고 동료들이나 지인들 모두에게 감사합니다.
나는 어렸을 때 부끄러움이 많아 항상 남들 앞에 서는 것을
창피하게 여겼던 기억들을 감사로 정화합니다.
나는 나를 위해 봉사하는 양심에게 감사하고
양심의 제약을 넘어서 더 큰 사랑과 자비심으로 나아갑니다.

나를 비하하고 열등하게 만드는 수치스러움과 굴욕감은 근골격계와 심혈관계를 약화시키는 자기비하(SD)증후군을 유발할 수 있습니다. 이런 증후군이 있다면 감사로 정화하고 자기사랑과 신뢰를 회복해야 합니다.

당황과 혼란

남의 시선에 의해 부끄러운 상황에 처하면 수치심을 느끼고 그 수치심에 의해 당황하게 됩니다. 또는 당황스러운 상황에서 남들의 시선을 의식해 수치심을 느끼게 됩니다.

집이나 일터에서, 모임이나 사람들이 많이 모인 장소에서 남의 시선을 많이 의식하는 사람은 내면에 비밀로 간직한 의도가 있거나, 자기 자신을 떳떳하고 당당하게 신뢰하고 존중하지 않거나, 실수나 잘못을 저지르지 않도록 신경 쓰는 사람입니다.

남의 시선에 의해 자신이 위축되거나, 자신을 열등하게 생각하고 비하하거나, 자신의 잘못에 죄책감을 가지면서 자기를 무기력하게 만듭

니다. 사실, 남의 시선은 진짜가 아닙니다. 에고마인드시스템이 만들어 낸 분리의 환상입니다.

> *나는 당혹스럽고 혼란스러운 일을 당해도*
> *부끄러워하지 않고 감사합니다.*
> *나는 어이없는 말을 들어도 당황하지 않고 감사합니다.*
> *나는 남의 시선을 너무 의식해*
> *부끄러워하고 당황했던 기억들을 정화합니다.*
> *나는 남의 시선에 관계없이 더 당당하게*
> *나자신으로서 살아가게 되어 감사합니다.*

흥분(신남)

흥분은 행복과 두려움이 융합된 복합감정입니다. 기분이 좋으면서도 약간의 두려움도 가미된 감정입니다. 흥분이 지나치면 전율로 확대되고 흥분이 억제되거나 가벼운 경우 기대감이 됩니다.

신나게 흥분하는 감정은 기대하던 소식을 듣거나, 기대하던 일이 성취되었을 때, 기대하던 일이 곧 이루어질 것으로 예상하고 기다리는 동안 느끼는 기분 좋은 감정입니다. 흥분에는 기대하는 대로 되지 않으면 어떻게 할 것인가 하는 두려움도 약간 들어있습니다.

기대감이 지나치면 알 수 없는 미래에 대하여 신경이 예민해지면서 신경증의 원인이 될 수도 있습니다.

장기간 미래의 꿈과 희망에 대하여 기대하면서 흥분하고 있거나, 조마조마하는 기대감으로 자신을 희망 고문을 하고 있다면, 미래기억을 지금 여기에서 선택하고 감사로 수용하는 것이 더 유익합니다. 자신의 선택의 범위를 넘어서는 외부의 일들에 대하여, 일이 진행되는 대로 완전히 감사로 수용하면 기대감에서 벗어나 평화로워질 것입니다.

아무런 조건 없이 있는 그대로 현재를 받아들이고 되어가는 대로 미래를 수용하면 평화로운 삶을 살 수 있습니다. 감사수용하기 위해서는 자신의 에고마인드의 집착과 저항을 완전히 정화하는 위대한 선택이 필요합니다. 만약, 미래의 꿈과 비전을 창조하고 싶다면 에고마인드시스템을 하나로 정합한 집중이 필요합니다.

현실에만 제약되고 왜곡된 낡은 에고마인드는 미래기억을 보거나 예측할 수 없기 때문에 미래에 대하여 두려워합니다. 미래를 알 수 없으므로 기대하게 되고 기대하는 마음은 흥분과 전율과 기대감을 만들어냅니다.

나는 알 수 없는 미래에 대하여
기대감과 흥분으로 기다렸던 기억들을 감사로 정화합니다.
나는 기대했던 소식을 듣고 흥분과 전율을 느꼈던 기억들을
감사로 정화합니다.
나는 아무런 조건 없이 외부 현실을 있는 그대로 받아들입니다.
나는 선택과 허용으로 잠재된 미래기억을 실현합니다.

전율과 기대감

감정은 신경과 호르몬의 지시에 의해 혈류의 증가와 감소, 호흡량의 변화, 체온저하나 상승, 근육의 긴장과 이완, 분비물의 변화 등 다양한 생리적 반응을 일으킵니다. 감정은 심리적 안정과 불안, 에너지의 흐름과 정체에도 영향을 줍니다. 감정을 적절하게 표현하면 문제가 없지만, 과도하고 거칠게 표현하거나, 억누르거나 표현하지 않으면 문제가 됩니다. 불편한 감정을 지속적으로 반복한다면 감정물질(단백질)을 생산하는 세포의 유전자가 손상되고, 세포노화가 촉진될 수 있습니다.

흥분과 전율, 기대감은 다소 긍정적인 감정이기는 하지만 너무 과하거나 반복적으로 일어나면 세포나 생체에너지에 문제가 될 수 있습니다.

감정과 생각은 나의 주권적 영역 안에서 선택할 수 있는 대상입니다. 자신이 누구인지 알고 자각한 사람은 감정과 생각에 휘둘리거나 지배당하지 않습니다. 오히려 감정과 생각을 선택하고 허용하면서 삶을 즐기는 도구로 활용합니다.

수많은 생각들과 미묘하고 다양한 감정들이 내면에서 반복적으로 일어납니다. 생각과 감정을 있는 그대로 수용하고 느끼게 되면 배후의 바탕 생각인 신념 체계에 이르게 되고, 이것들을 만들어내는 에고마인드와 서브마인드도 이해하게 됩니다.

나는 반복적인 감정과 생각으로
나의 몸에 무리를 주었던 기억들을 감사로 정화합니다.
나는 불필요한 감정으로 나의 에너지를 소모하고
불편한 관계를 만들어내었던 기억들을 정화합니다.
나는 감정을 통해 인생의 지혜를 얻게 되어 감사합니다.

나는 더 이상 불편한 감정을 반복하지 않는 지혜로,
내가 지금 이 순간 선택한 감정만을 허용합니다.

　생각, 운동, 감각의 중심센터인 대뇌의 에고마인드에 변연계의 감정이 결합되어 하나처럼 작동하면서 생각과 감정이 융합된 형태로 나타납니다. 부정적인 생각을 하면 곧바로 기분 나쁜 감정이 동반합니다. 마찬가지로 기분 나쁜 감정은 부정적인 생각을 일으킵니다.
　이제까지 감정을 충분히 정화해 왔습니다. 과도하게 표현되거나, 억압된 부정적인 감정들을 떠나보내고 그 빈 공간에 사랑, 감사, 기쁨, 평안의 새로운 감정들을 채워가시기 바랍니다.

감사노트

1. 나는 언제 어디서나 모든 것에 대하여 무조건적으로 감사합니다.
2. 나는 힘든 시기를 무기력하게 보냈던 기억을 감사하고 정화합니다.
3. 나는 명료한 선택으로 새로운 삶을 창조하고 있어 감사합니다.
4. 나는 나의 근원이 주는 생명의 빛을 신뢰하고 내 몸으로 받아들입니다.
5. 나는 내가 말하고 선언한 대로 창조되고 있어 감사합니다.

감사연습

나약하고 무기력했던 지난날을 감사로 정화합니다.
내 삶을 바꿔줄 도움의 손길만 기대하면서, 수동적으로 살아온 삶을 돌아봅니다. 아무것도 선택하지 않은 채, 고통스러운 상황을 불평하고 원망하면서 덧없이 시간만 보냈던 시간이 안타깝게 느껴집니다.

선택하는 것을 두려워한 마음도, 어둠 속에 남아있는 불안함도, 어색함과 혼란으로 주춤거리는 것도 감사하며 정화합니다.

이제는 내가 새로운 선택을 해야 하는 순간임을 자각합니다.
내 삶을 바꾸는 명료한 선택을 해야 합니다.

좀비처럼 굳어있던 나를 다시 움직이게 하는 것은 선택이라는 강력한 주문이었습니다. 선택 없이는 아무것도 달라지지 않는다는 것, 그 누구도 선택을 대신 해줄 수 없다는 것을 깨닫습니다.
새로운 선택으로 두려움이 희망으로 바뀌고 나에 대한 신뢰와 사랑이 점점 자라납니다.

지금 이 순간이 너무 좋고 행복합니다.
내가 스스로 선택했다는 것이 너무나 자랑스럽습니다.
내가 꿈꾸는 삶이 펼쳐지고 있음을 확신합니다.
주체적인 나로서, 창조자로서 살아갈 미래를 의심 없이 받아들입니다.
감사연습을 도와준 해나인 가족들에게 감사합니다.

감사기도

사랑하는 나의 근원이여.
생명의 빛으로 나의 몸과 마음을 채워주셔서 감사합니다.
창조자로서 새로운 선택을 할 수 있게 해주셔서 감사합니다.
명료하게 선택합니다. 명료하게 선택합니다. 명료하게 선택합니다.
감사합니다.

02 에고마인드 정화하기

가상현실

에고마인드는 가장 중요한 감사정화의 주제입니다. 순수한 본성을 회복하려면 에고마인드를 극복해야 합니다. 에고마인드에서 벗어나 자신이 누구인지 알게 되면, 자신의 영혼에 봉사하는 삶으로 전환됩니다. 가장 어려운 도전이 되겠지만, 에고마인드를 내려놓고 자신의 본성으로 돌아가야 합니다. 이번 생애에 깨어남의 여정이 시작된 사람도 있고, 다음 또는 여러 생애를 거친 후에 시작될 사람도 있을 것입니다. 언젠가는 깨어나야 합니다. 에고마인드를 정화하고 깨어나려면, 에고마인드의 다양한 특성을 잘 이해해야 합니다. 지금부터 시작해 볼까요?

에고마인드는 대뇌에 장착된 생화학적 프로세서입니다. 에고마인드는 5가지 감각기관에서 들어오는 3차원 데이터를 저속으로 처리하는 컴퓨터입니다. 에고마인드는 시각정보를 바탕으로 3차원의 가상현실을 만들고 있습니다. 먼저 가상현실을 정화하는 시간을 갖겠습니다.

뇌는 상상과 현실을 구분하지 않습니다. 뇌는 외부의 감각정보를 입력받아 가상의 홀로그램 현실을 만들어냅니다. 뇌는 외부 정보를 차단해도 상상으로 가상현실을 만들어낼 수 있습니다. 대뇌의 에고마인드는 시청미후촉각의 오감 정보로 외부 현실을 내부의 홀로그램 현실로 재구성하여 보여줍니다.

사실, 우리가 보는 모든 3차원 현실 풍경은 진짜가 아닙니다. 에고마인드가 만들어낸 가상현실입니다. 눈을 감고 시각정보만 차단해도

3차원 현실을 뇌 안에서 구성해 내지 못합니다. 그래서 아무것도 보이지 않는 것입니다. 사실 보이지 않는 것이 아니라 시각정보로 만들어내는 내부의 홀로그램이 정지된 것입니다. 눈을 감고 상상을 하면 상상의 홀로그램이 형성되는데, 마치 눈을 뜨고 보는 것과 유사하게 보여줍니다.

우리는 눈앞에 보이는 3차원 현실을 보고 있는 것이 아니라, 에고마인드가 만들어낸 가상홀로그램 현실을 보고 있는 것입니다. 명상을 하거나 잠자는 동안 대뇌가 정지되면, 3차원 현실을 인지할 수 없습니다. 에고마인드가 만들어낸 내부 가상현실(IR)은 모두 뇌신경망에 의해 만들어진 가짜이며 실재가 아닙니다. 에고마인드는 아주 좁은 영역의 오감 정보만을 기반으로 하기 때문에 전체 우주가 어떠한 것이지는 알 수 없습니다. 인간, 동물, 영적 존재의 마인드시스템은 그 수준과 폭이 각각 다르므로, 내부 현실(IR)의 풍경 이미지가 전혀 다릅니다.

마음이라 불리는 에고마인드는 아주 좁은 3차원 현실만 보여주고 있습니다. 3차원 현실을 넘어 다른 차원의 현실은 알 수 없도록 제한되어 있습니다. 이것이 지구에서 살아가는 인간의 독특한 특성이라고 할 수 있습니다. 다른 차원, 다른 행성의 존재들은 인간과 다른 마음(EMS)을 가지고 있습니다.

나는 나의 에고마인드가 만들어낸
내면의 풍경(전경)을 보고 있음을 이해하고 받아들입니다.
나는 에고마인드가 만들어내는 가상의 홀로그램 현실을
있는 그대로 받아들이고 감사합니다.
나는 지구의 3차원 현실을 완전히 수용하고 경험합니다.

나는 내 안에서 재생하는 홀로그램이 가짜임을 알고,
내부 현실을 재창조할 수 있다는 사실 또한 받아들입니다.
나는 나의 현실을 창조하는 주인공이 되어,
나의 선택과 허용에 의해 새로운 현실을 창조해 갑니다.
나는 미래기억인 영감과 아이디어를 상상하면서,
내면에 홀로그램 이미지를 창조합니다.

우리는 가상현실을 창조하는 창조자입니다. 에고마인드는 3차원 현실을 창조하고 경험하는 도구입니다. 고통스러운 현실을 창조하고 경험하고 있다면 에고마인드를 정화하고, 새로운 미래기억을 가상현실로 창조하면 외부 현실도 점차 바뀌기 시작할 것입니다.

정체성

에고마인드는 환망공상의 가상의 홀로그램을 투영하여 외부 현실을 인식하고 해석합니다. 에고마인드는 가상현실을 재생하면서 점차 외부와 분리된 자신의 몸과 마음을 인식하게 됩니다. 이렇게 외부와 분리된 '나'라는 에고(Ego)를 형성합니다. 에고는 7세 정도까지 점차 확장하면서 확립됩니다.

'나'라는 정체성(Identity)은 인간적 존재로 자신을 인식하고, 인간으로서 갖는 모든 제약과 의무, 관계와 소속, 도리와 책임, 집단의식, 사고방식, 감정 패턴, 말투, 행동 습관 등을 덧붙여 자신만의 인성(인격, Personality)을 구축해 갑니다.

에고는 외부와 분리된 나의 또 다른 측면들을 만들어냅니다. 어린이,

청소년, 남자, 여자, 학생, 선생님, 아버지, 어머니, 주민, 국민, 사장, 사원, 등 나이가 들어가면서, 사회적 역할에 따라 다양한 정체성들을 만들어냅니다. 내 안에 내가 너무 많아지면, 각각의 자아들이 서로 갈등하거나 충돌하기도 합니다.

    에고는 주체적인 나(Master)를 중심으로 수많은 측면(Aspect, Part)들을 만들어냅니다. 각각의 측면들은 독립된 정체성으로 에고마인드시스템에 세팅되어 있습니다. 인생을 살면서 다양한 역할들이 주어지고, 그 역할들을 잘 수행하기 위해 에고는 새로운 역할을 맡을 정체성을 만들어냅니다.

    이렇게 나의 정체성과 측면들이 많아지면서 갈등도 많아지고, 자신이 누구인지 잊어버리고 마치 그 역할을 하고 있는 인간적 정체성이 자신이라고 착각하면서 살아갑니다.

    여성으로 태어난 아기는 자신이 여자라고 인식을 하면서 치마를 입고 분홍색 장난감을 좋아하며, 크면서 남성이라는 인간에게 매력을 느끼고, 결혼해 엄마가 되고, 엄마가 자신인 것처럼 인식하고 살아가게 됩니다.

    에고마인드시스템에 구축된 모든 자아들은 사실 진짜 자기가 아닙니다. 인간적 존재로서 역할에 따라 잠시 그렇게 연기하고 경험해 가고 있지만, 진짜 나는 그것을 지켜보고 있는 영혼적 자아입니다.

    수많은 측면들로 분리되어 혼란스러운 정체성들을 정화하고, 하나의 나로 통합해야 합니다.

나는 남자, 아버지, 한국 사람, 회사원, 사업가, 종교인, 지구인 등
내 안의 수많은 정체성들에게 감사합니다.
나는 분리된 모든 측면 자아들을 하나의 나로 통합합니다.
나는 독립적이고 주권적이며 유일하고 독특한 영혼적 존재이며,
에고마인드에 의해 만들어진 인간적 자아인 에고 또한
나의 일부로서 감사하며 수용합니다.
나는 마치 주인공처럼 내 인생을 주도해 온 에고를 정화하여
진짜 나, 영혼을 따르도록 이끌어갑니다.
나는 인생의 고통을 체험하면서, 내가 아닌 것처럼 분리하여
깊숙이 방치하고 외면했던 자아들을 감사로 정화합니다.
나는 상처받은 자아를 위로하고 치유하며 하나로 통합합니다.
나는 가장 어둡고 악한 나의 자아 또한
감사로 받아들이고 사랑합니다. 나는 나자신입니다.

측면들

에고마인드는 역할에 따라 남자, 여자, 아빠, 학생, 회사원 등 다양한 정체성(Identity)을 만들어냅니다. 각각의 정체성은 역할에 따라 착하기도 하고 악하기도 합니다. 수용적인 성격도 있고, 저항하는 성격도 있습니다. 정체성에 따라 다양한 성격을 가질 수 있습니다.

아빠로서 나는 엄격하고 답답한 사람이지만, 엄마의 아들로서 나는 애교가 넘치는 사람일 수 있습니다.

나는 영혼적 존재이지만, 육체와 융합하여 인간적 존재가 되었

습니다. 육체에 부여된 생물학적 정체성이 에고(Ego)입니다. 에고는 '나'라는 자의식을 가지고 인생의 주인공이 되어 삶을 주도합니다.

나는 다차원 세계에서 체험했던 수많은 영혼의 여정과 지구에서 살았던 수많은 과거 생애들을 거쳐왔습니다. 그 여정 중에 나(영혼)로부터 분리된 측면들(Aspect)이 그곳에 남아있습니다.

측면들은 영혼적 존재가 아닌, 나의 일부의 에너지와 에센스를 가진 에너지적 존재이지만, 생명력(영)이 불어넣어지고, 에너지체나 육체를 입으면 스스로 진화할 수도 있습니다.

측면들은 나의 선택에 의해, 결국 영혼적 존재인 나에게 귀환하여 통합합니다. 통합하는 과정에서 수용하기 힘든 측면과 통합할 때, 격렬한 에너지적 변화와 감정적, 육체적 어려움을 겪을 수도 있습니다. 측면들과 통합하는 과정에서 가장 걸림돌이 바로 에고마인드입니다.

에고마인드는 다차원 세계나 평행우주의 측면들을 이해하거나 수용하지 못합니다. 에고마인드는 측면들의 귀환과 융합을 두려워하고 저항할 수도 있습니다. 에고마인드를 멈추고 정지하여야, 나를 통합하는 과정이 쉽게 진행됩니다. 에고를 정화하고 비우면, 나로부터 분리된 나의 파편들을 다시 통합하고 더 크고 확장된 나로 성장하게 됩니다.

영혼적 존재가 아닌 측면들이 귀환하게 되면, 측면적 존재였던 인간은 육체적으로 죽게 됩니다. 참나는 수많은 영혼들로 하강하여 다양한 인생을 체험하고 있습니다. 그중에 가장 모범적인 마스터 영혼으로 영혼들과 측면들을 통합합니다. 이때에도 다른 시공간과 다차원에 분산된 영혼이 차원전환을 통해 귀환합니다.

나는 나의 모든 측면들과 하나로 통합하는 과정을
이해하고 감사로 수용합니다.
나는 과거의 측면들을 불러들여 감사로 수용하고 통합합니다.
나는 다차원의 측면들을 감사로 수용하고 통합합니다.
나는 측면들을 저항하는 에고를 감사로 정화합니다.

생각

　에고마인드는 아침에 깨어나서 잠들기 전까지 하루 내내 오만가지 생각을 합니다. 에고는 많은 생각을 하기 위해 만들어진 생화학적 프로세서입니다. 에고는 생각을 멈추거나, 하나의 생각에 집중하거나, 단순하게 생각하는 것을 어려워합니다. 천성적으로 에고는 많은 생각을 하는 것을 좋아합니다. 만약 생각이 멈추거나 너무나 단순하게 생각하면 자신이 할 일이 없어져 죽지 않을까 두려워하게 됩니다.

　오만가지 생각 중에 부정적인 생각이 70% 이상 차지하고 있습니다. 사람들은 부정적 생각과 말투로 자신의 인생을 스스로 망가뜨립니다.
　'난 할 수 없을 것 같아, 싫어, 귀찮아, 필요 없어, 짜증 나, 싫으면 하지 마, 틀렸어, 별거 없네, 형편없네, 똑바로 해, 기분 × 같네'처럼 부정적인 말투를 자주 사용하는 사람은 주변 사람들이 떠나고 하는 일도 안 풀려, 항상 어려움에 처하게 됩니다.
　여기에 분노, 걱정, 두려움, 슬픔, 좌절, 절망, 죄의식, 부끄러움, 불평, 불만족, 시기, 질투, 불신, 의심, 원망, 심술, 짜증, 불평, 불안, 초조 등 온갖 부정적인 감정까지 더하면 지옥 같은 현실을 마주할 것입니다.

감사연습은 신성한 보편진리인 사랑과 긍정적 실현원리로 작동하는 우주를 이해하고, 부정적인 생각과 감정을 감사로 정화하고 긍정적인 생각과 감정을 키워가는 연습입니다.

3~6개월 이상 감사로 부정적인 생각을 정화하고, 긍정적 생각에 집중하면 부정적인 생각은 어색해지게 됩니다. 감사연습으로 긍정적인 생각과 감정만 존재하는 자신만의 안전공간을 창조할 것입니다.

어떤 일을 처리하거나 어떤 상황을 대처할 때, 에고는 모든 정보를 수집해서 꼼꼼히 따지기보다는 그동안의 경험이나 몇 가지 정보만을 바탕으로 주먹구구식으로 판단하고 대처하면서 오류를 자주 발생시킵니다.

에고의 마음에는 수많은 잡생각들과 논리들과 반복적인 생각 패턴들이 들어있습니다. 지식과 정보를 가득 채워갈수록 두뇌는 과부하가 걸립니다. 필요 없는 지식과 정보들도 정화하고 마음을 비우면 두뇌에 여유 공간이 생기고 새로운 지식과 정보를 다시 채울 수 있게 됩니다.

에고마인드의 생각들은 신경과 호르몬을 통해 몸의 세포들에게 전달되어 감정물질을 만들어냅니다. 머릿속 잡생각과 부정적인 생각, 강박적인 생각들은 세포들의 통신을 방해하고, 세포지성과 세포기억을 통한 정상적인 치유와 재생 기전을 교란하여 질병 상태를 유발하기도 합니다. 에고마인드의 생각들을 정화하는 것은 세포의 양자통신망을 회복시키고 세포의 기능을 정상화하는 데 도움이 됩니다.

에고마인드는 감사연습, 웃음, 명상 중에 생각이 정지되는 것을 싫어합니다. 에고마인드는 자신이 종료되는 육체적 죽음을 피하기 위해 노력합니다. 에고는 생각하는 것을 좋아하므로 영혼의 열정과 기쁨 같은 것은 이해할 수 없습니다.

에고마인드는 생각의 흐름, 생각의 패턴, 논리적 사유 등 사고방식을 담고 있는 생각 처리 프로세서입니다. 내 마음 안에서 일어나는 모든 생각들은 바로 에고마인드가 일하고 봉사하는 과정임을 이해합니다. 나(영혼)는 에고마인드의 주인으로서 원하는 생각만 선택적으로 허용할 수 있습니다. 주권적 존재로서 내가 에고마인드를 제어하고 통제해야 합니다.

*나는 에고마인드의 수많은 부정적인 생각들과 기억들을
감사로 정화합니다.
나는 정화하고 비워진 공간에
새로운 영감과 지혜로 채워지도록 허용합니다.
나는 세포통신을 방해하고 교란하는 에고의 강박관념을
감사로 정화합니다.
나는 단순성, 잠재성, 다차원성과 연결할 수 있는
새로운 에고마인드시스템으로 업그레이드하도록 허용합니다.*

신념 체계

두뇌에 장착된 에고마인드는 외부 정보를 오감으로 받아들여 비단처럼 아름다운 3D 홀로그램 가상현실을 만들어냅니다. 아울러 생각들, 사고방식, 신념들, 고정관념, 사회의 가르침과 교육, 인상들(IR)을 모아 신념 체계를 짜냅니다.

에고마인드는 생각들, 신념들을 엮어 조직하고 틀을 짜면서 스스로 의심할 수 없는 신념의 매트릭스를 만들어냅니다. 이 매트릭스의 구성 요소들은 견고하게 서로 유기적으로 연결되어 있어 쉽게 변형되지 않습니다. 에고마인드는 자신의 경험과 외부 존재들의 권위 있는 가르침들로 신념을 형성하고, 이 신념은 또 다른 신념을 낳고 덧씌워 비단 같은 조직을 짜내기도 하고, 볼품없는 옷 조각을 만들어내기도 합니다. 비단은 크게 문제를 일으키지 않는 긍정적인 신념을 말하고, 볼품없는 옷 조각은 인생에서 문제들을 일으키는 부정적인 신념들을 말합니다.

신념의 매트릭스는 뇌신경망에 장착되어 있습니다. 뇌신경망에서 방사된 생각 에너지는 유사한 에너지를 끌어당겨, 자신만의 외부 현실을 구축합니다. 내가 경험하는 외부 현실과 내가 처한 모든 상황, 나의 문제들은 나의 내부의 매트릭스가 반영된 것입니다.

정리하자면, 에고마인드는 수많은 생각과 삶의 경험과 가르침을 통해 신념을 형성하고, 신념은 또 다른 신념을 낳아 의심할 수 없는 신념의 그물망으로 자신의 내부 현실(매트릭스)을 구축합니다. 신념 체계는 생각과 감정 에너지로 방사되거나 말과 행동으로 표현되면서, 외부 현실을 구축하고 자신만의 현실 풍경을 창조합니다.

나는 부정적인 신념 매트릭스를 감사로 정화합니다.
내가 확고하게 믿고 있는 인간적 신념들은 다
에고마인드가 만들어내고 짜낸 매트릭스임을 이해하고
감사로 정화하고 놓아줍니다.
나는 새로운 영감과 비전을 감사로 수용하고
새로운 뇌신경망을 재구축합니다.
나는 낡은 신념 체계를 감사로 정화하고

새로운 신념을 받아들입니다.

최면적 가르침

인간의 두뇌는 매우 민감하여, 외부 정보를 아무런 판단 없이 무작정 흡수하는 경향이 있습니다. 예민하고 쉽게 정보를 받아들이는 두뇌의 속성 때문에 에고마인드는 자연스럽게 부모님의 잔소리, 선생님이나 권위 있는 사람으로부터 가르침, 사회지도층의 의견들, 광고 카피, TV에서 본 정보들, 다양한 최면적 암시와 제안 등을 아무런 여과 없이 받아들여 내면에 저장합니다.

이렇게 유입된 수많은 정보들은 에고마인드에 과부하가 걸리게 하거나, 자신을 마비시키는 원인이 되기도 합니다. 에고마인드를 마비시키거나 교란하는 부정적인 가르침을 마교(hypnotic teaching)라 합니다. 에고마인드에 흡수된 마교의 잡음들은 세포통신을 교란하고, 생체에너지의 흐름을 방해합니다. 에너지가 정체되어 뭉치면 마이아즘(miasm, 마기)이 형성됩니다. 부정적인 마교와 카르마는 입자들의 전자기적 극성과 스핀을 역전시켜 어두운 마이아즘을 만들어냅니다. 마이아즘은 고차원의 빛으로 정화해야 합니다.

에고마인드에 유입된 마교는 생각과 신념의 매트릭스에 융합해 내면과 외부 현실에 반영되고 있습니다. 대부분의 마교는 진실이 아닌 쓰레기 정보들이며 내가 선택한 것이 아니므로 정화하고 지워야 할 대상입니다.

에고마인드는 마교들과 카르마적 각인에 의해 고정관념과 강박관념의 틀인 박스(box)를 만들어내고, 그 박스 안에 자신을 가두고 나오지 못하게 합니다. 스스로 만든 박스와 마교, 카르마적 제약에서 벗어나는 방법은 감사로 수용하고 정화하는 것입니다. 완전히 수용하면 박스는 힘을 잃고 사라집니다.

나는 내가 선택하지 않은 최면적 가르침(마교)을
감사로 정화합니다.
나는 스스로 만든 관념의 틀인 박스에서 나오는 것을
선택하고 허락합니다.
나는 내면에서 지껄이는 수많은 마교적인 생각들을
감사로 정화하고 지웁니다.
나는 정체되고 탁한 에너지를
생명의 빛인 감사에너지로 정화합니다.

나자신이 주는 생명의 빛은 나의 몸과 마음을 정화하는 고차원의 잠재에너지입니다. 생명의 빛은 차원을 넘나드는 간차원 에너지(IPE)로, 나의 의식적 선택과 허용에 의해 들어옵니다.

질서

에고마인드는 3차원 물리적 현실에서 인간으로 살아가는 데 최적화된 멘털 컴퓨터 시스템입니다. 3차원은 선형적인 시공간과 물리적인 법칙으로 작동하는 현실입니다.

에고마인드는 3차원 현실이 바르게 정돈되고, 순차적인 질서로 돌아가는 것을 원합니다. 에고마인드는 무질서하게 정리되지 않은, 혼란스러운 상태를 질서 있게 정리 정돈 하려고 합니다. 에고마인드는 질서, 도덕, 규범, 법규에 맞춰 살아가는 것을 편안해합니다.

에고마인드는 정보를 바르고 질서 있게 순차적으로 처리합니다. 또 무언가를 바라거나 계획이나 목표를 세우는 것을 좋아합니다. 에고마인드는 끊임없이 추구하고 바라고 원하고 계획합니다. 에고마인드는 더 많은 돈, 명예, 권력, 지식을 추구합니다. 에고마인드는 더 건강하길 바라고 더 풍요롭게 되기를 원합니다. 에고마인드의 목표는 추구 그 자체입니다. 추구하는 것이 에고의 역할입니다.

에고마인드는 행복을 바라고 행복을 실현해 가지만 결국 완전한 행복에는 도달하지 못합니다. 에고마인드는 지금의 행복에 만족하지 않고 더 많은 것을 바랄 것입니다.

나는 정리 정돈 하고 질서와 순서대로 일들이 진행되어야 한다는
에고의 관념을 감사로 정화합니다.
나는 에고의 끝없는 추구로 더 많은 지식과 돈, 명예, 권력 등을
원하고 계획하고 목표를 세웠던 기억들을 감사로 정화합니다.
나는 있는 그대로 받아들이지 않고 끝없는 희망을 향해서
달려가던 예전의 기억들을 감사로 정화합니다.
나는 비선형적이고 무질서하며 인과를 넘어 작동하는
새로운 방식의 삶을 감사로 수용합니다.
나는 추구를 멈추고, 있는 그대로 삶을 완전히 받아들입니다.
나는 인간적 바람과 계획과 목표를 넘어서 신성한 계획에 의해 펼쳐지

는 새로운 창조를 감사로 수용합니다.

거짓

에고마인드는 가상현실을 만들어내고, 생각과 신념의 매트릭스를 짜며, 주입된 마교의 가르침에 의해 최면적 강직 반응처럼 마비되어 있습니다.

에고마인드는 영혼의 느낌을 이해하거나 신뢰하지 않고, 오히려 의심하거나 부정합니다. 에고마인드는 가슴과 머리의 갈등을 거짓과 속임수로 해결하려고 합니다. 영혼이 주는 느낌과 메시지를 알면서도, 에고마인드는 그것을 무시하고 거짓으로 표현합니다.

내면에서는 사랑과 감사를 표현하고 싶은 느낌이나 열정이 있지만, 그것을 억누르고 전혀 다른 방식으로 표현합니다. 이렇게 겉과 속이 다르게 표리부동의 속임수로 자신과 남을 속여 보려고 하지만 들통이 나기 쉽습니다.

에고마인드는 내면의 느낌이나 열정을 억눌러 압력을 가하지만, 그 압력이 점차 커져 스트레스를 받게 되면, 결국에는 온갖 사건 사고나 질병의 형태로 에너지를 풀어내야 합니다.

에고마인드는 거짓을 만들고, 거짓을 말하고, 거짓으로 행동하는 데 익숙합니다. 진실대로 말하고 행동하는 것보다는 자신에게 유리하고, 이익을 얻을 수 있다면 거짓으로 포장하여 속이려고 합니다. 자신이 속이고 있다는 것을 알면서도, 남들이 모르길 바라면서 거짓을 꾸며냅니다.

에고마인드는 자신이 더 강한 척, 자신이 더 우수한 존재인 척, 자신이 더 많이 알고 더 많이 가진 척 위장합니다. 때로는 에너지를 끌어모으거나 관심을 받기 위해 자신이 더 약한 척, 힘든 척, 아픈 척, 가난한 척하기도 합니다.

에고마인드는 정지되거나 죽는 것을 가장 두려워합니다. 에고는 살아남아 존재하려는 존재 본능을 가지고 있습니다. 그래서 스스로 생각을 멈추거나, 신념을 없애거나, 마교들과 거짓들을 지우려 하지 않고 저항합니다. 대신 에고마인드는 스스로 생존할 수 있는 척합니다.

나는 내면의 느낌을 무시하고 겉으로는 전혀 다르게 표현한 위선을 감사로 정화합니다.

*나는 수많은 거짓말로 나와 남을 속여왔던 기억들을
감사로 정화합니다.
나는 내가 알고 있는 것보다 더 부풀려 마치 이것만이 최고인
것처럼 거짓말을 했던 기억들을 감사로 정화합니다.
나는 아픈 척, 안 아픈 척, 있는 척, 없는 척, 용감한 척,
두려운 척, 거짓으로 꾸며낸 기억들을 감사로 정화합니다.
나는 영혼으로부터 주어지는 메시지와 사랑과 열정을
억누르고 무시하고 부정하면서 에고의 신념과 마교, 사회의식이
요구한 대로 살았던 기억을 감사로 정화합니다.*

나는 새로운 마음으로 내면을 있는 그대로 표현해도 아무런 문제가 되지 않는다는 이해에 도달하고 있는 그대로 거짓 없이 표현할 수 있게 되어 감사합니다.

나는 거짓과 사기와 속임수와 위장과 표리부동을 정화하고 가슴을 열고 진실대로 표현해도 좋은 안전한 공간과 영적 가족이 있어 감사합니다.

직감과 영감

에고마인드는 삶의 경험과 지식, 외부에서 유입된 마교까지 다양한 과거기억정보를 저장하고 있습니다. 또한 에고마인드는 서브마인드(Submind)에 저장되어 있는 과거기억정보를 직감적으로 받아들여 활용합니다.

에고마인드와 서브마인드가 과거기억정보를 저장하는 이유는 동일한 체험을 반복하는 것을 방지하고, 3차원의 삶을 보다 효율적으로 살아가기 위함입니다.

'아~' 하는 순간은 과거기억을 떠올려 직감적으로 아는 순간입니다. 우리의 직감(intuition)은 과거기억을 바탕으로 일어납니다. 에고마인드는 과거의 지식과 체험을 통해 직감적으로 판단하는 경우가 많습니다.

'아하!' 하는 순간은 미래기억이 에고마인드에 유입되는 순간입니다. 미래기억은 에고에 저장된 과거기억이 아니라 삶의 문제를 해결해 줄 영감(Inspiration)과 아이디어입니다. 에고마인드는 스스로 창조하지 못합니다. 잠재성의 미래기억으로부터 영감이나 아이디어가 주어져야 합니다. 미래기억은 고요하게 에고를 정화하고 에고의 문을 열고 받아들이기만 하면 됩니다.

에고가 온갖 생각으로 가득 차있거나, 두려움으로 문을 열지 않으면 외부에서 영감을 받아들이기 어렵습니다. 새로운 아이디어, 새로운 해결책, 새로운 관점, 직관적인 앎은 고요하게 에고의 문을 열고 근원이 주는 영감을 수용한 결과입니다.

에고마인드는 과거기억인 직감과 미래기억인 영감을 먹고 삽니다. 에고의 문을 열고 가슴으로부터 주어지는 아름다움과 열정, 표현하고 창조하고 싶은 욕구, 사랑과 자유로움이 흘러들어오는 것을 허용한다면 에고는 더 풍요로운 삶을 창조하고 체험해 갈 것입니다.

> 나는 과거기억으로부터 주어지는 불편한 직감을
> 감사로 정화하고 유익한 직감은 감사로 수용합니다.
> 나는 미래기억으로부터 주어지는 영감과 아이디어를
> 감사로 받아들입니다.
> 나는 마음을 고요하게 안정시키고 마음의 문을 열어
> 새로운 잠재성을 감사로 받아들입니다.
> 나는 나자신으로부터 주어지는 메시지가 이해하기 힘들더라도
> 완전히 신뢰하고 감사로 받아들입니다.

기준 척도

에고마인드는 자존심 때문에 누구에게 의지하지 않고, 스스로 혼자 해보려고 하지만 결국 실패하고 맙니다. 자신의 근원인 영혼이나 나자신에게도 의지하지 않으려고 합니다. 결국 감당할 수 없는 사건 사고, 불편한 대인관계, 재정적 문제, 질병 등을 해결할 수 없을 때, 에고마

인드는 멘털이 붕괴된 채 내면으로 퇴행하여 영혼에 의지하기 시작합니다.

에고의 주인인 영혼과 함께 살았다면 어려운 문제에 빠지지 않았을 것입니다. 때로는 에고 스스로 만들어낸 삶의 문제를 통해 의식적인 확장과 성장의 기회가 되기도 합니다. 하지만 예상치 못한 갈등, 트라우마, 스트레스에 장기적으로 지속되면 질병을 유발하고 육체를 상당히 힘들게 할 수도 있습니다.

에고마인드 안에는 투명한 신념과 가치관, 자신만의 정의, 양심과 도덕, 사회적 규율 등을 기준으로 판단 분별 하고 비교하는 기준 척도가 있습니다. 에고의 자존심은 기준 척도를 가지고 비교하면서 자신이 더 우월하다고 여기면서 생겨납니다. 자신이 더 힘이 약하거나, 더 가지지 못하거나, 더 능력이 부족하다고 판단하고 열등감을 가지면 자기비하에 빠져듭니다. 자신이 더 착하고 옳다고 여기거나 자신이 더 나쁘거나 그르다고 여기면서 선과 악, 빛과 어둠에 근거한 이원성으로 판단 분별 하고 비교합니다.

이원성은 대조적 체험을 통해 좀 더 명확하게 자신을 이해하는 도구로만 사용되어야 합니다. 영혼적 수준에서는 이원성에 근거한 판단은 별 의미가 없습니다.

에고의 기준 척도는 쉽게 내려놓기 어렵습니다. 판단 분별 하고 비교하는 것이 에고의 주요 임무이기 때문입니다. 3차원 현실에서 적절하게 살아가기 위해 기준 척도가 어느 정도 필요하지만, 그것에 갇혀 빠져나오지 못하면 영혼 수준에서 멘털 붕괴할 만한 문제를 일으켜 에고의 기준 척도를 정화하는 과정을 겪게 됩니다.

에고의 기준 척도를 어떻게 갖고 사느냐에 따라 자신의 삶을 더 경직되거나, 또는 더 유연하게 살아갈 수 있습니다.

나는 판단 분별 하고 비교하는 마음을
감사로 정화하고 있는 그대로 감사수용합니다.
나는 선악과 빛과 어둠의 이원성을 감사로 정화합니다.
나는 내가 더 우월하거나 더 열등하다는 판단을
감사로 정화합니다.
나는 에고의 자존심과 자기비하를 감사로 정화합니다.
나는 내 몸과 내 삶을 경직하게 만든 기준 척도를
감사로 정화합니다.
나는 에고의 기준 척도를 내려놓고
판단 분별 하고 비교하는 이원성을 통합합니다.

프로그램

에고마인드는 육체라는 자동차를 운전하는 프로그램이라고 할 수 있습니다. 에고마인드는 5가지 감각 센서로 들어온 외부 정보를 바탕으로 판단하여, 운동신경을 통해 몸이 움직이고 말하고 행동하게 합니다. 에고마인드는 육체를 신경과 호르몬으로 지배하면서 컨트롤하고 있습니다. 에고마인드는 육체를 주도적으로 제어하고 있기 때문에, 에고가 인생의 주인공이라고 착각하고 있습니다. 에고마인드는 오감 센서와 신경망으로 육체 자동차를 운행하고 제어하는 프로그램과 자율주행이 가능한 인공지능 프로그램이 장착되어 있습니다.

에고마인드는 안전한 체험을 위해 여러 가지 방향을 미리 검토해 최적의 선택을 도와주는 주행 시뮬레이션 기능도 장착되어 있습니다. 에고마인드시스템은 자율주행과 인공지능, 주행 시뮬레이션 기능이 통합적으로 장착된 고성능 내비게이션 시스템입니다.

에고마인드는 본질적으로 생화학적 멘털 컴퓨터이므로 계산적이고 차갑고 냉정합니다. 에고마인드는 삶의 무거운 책임들과 문제들을 싣고 있는 자동차를 분주하게 운행하고 있습니다. 매일 쉬지 않고 생각하고 말하고 일하느라, 몸도 마음도 점차 닳아지고 노화되고 고장이 나기 시작합니다.

인공지능으로 자율 주행하는 내비게이션, 에고마인드는 진짜 운전하는 주인공이 누구인지도 모른 채 자기가 운행하는 주체라고 생각합니다. 에고마인드는 생각과 감정, 말과 행동을 자주 반복하다 보면 반복 패턴이 기억장치에 저장되어 자동으로 반응하게 도와줍니다. 이런 반복 패턴이 백그라운드에서 실행되면서 무의식적인 트랙이 형성됩니다.

새롭게 업그레이드하는 에고마인드시스템은 다양한 기능이 추가됩니다. 진짜 주인공인 나(영혼)의 지시를 받아들이는 입력채널이 회복되면, 안전한 경험(Safe Experience)을 위한 시뮬레이션과 인공지능이 추가되고, 인생길 안내 서비스가 업그레이드됩니다. 육체 자동차의 연료도 빛에너지로 공급되며, 정비소에 가지 않아도 고장 난 곳을 스스로 진단하여 정비하게 됩니다.

감사연습은 낡은 에고마인드시스템을 새로운 시스템으로 업그레이드하는 작업입니다.

나는 내 인생의 주인공으로서, 에고마인드의 주인으로서
삶의 방향과 의도를 선택합니다.
나는 감사연습으로 뇌신경망을 재구축하여
새로운 에고마인드시스템으로 업그레이드합니다.
내가 선택하고 의도한 대로 에고마인드는
기쁨의 삶을 향해 자율주행하고 있음을 압니다.
나는 업그레이드된 에고마인드로
더 편안하고 안전하게 삶을 즐길 수 있어 감사합니다.
나는 내 몸과 마음을 생명의 빛으로 채우고
치유할 수 있어 감사합니다.

분리

　에고마인드는 오감 센서로 유입된 정보로 외부 현실을 내면에 재구성합니다. 이때 유입된 생각들과 내부에서 일어난 생각들을 융합해 '나'라는 자기 정체성을 확립해 갑니다. 정체성은 '나'라고 여기는 생각들이며 자기보다 위대하거나 더 멋진 외부의 대상(신, 아버지, 어머니 등)과 동일시하기도 합니다.

　실제로는 자기라고 여기는 정체성은 모두 에고마인드의 생각의 매트릭스이며 그 생각들은 진짜 나가 아닙니다. 에고마인드는 자기와 동일시하지 않는 외부 대상은 자신이 아니라고 여기고 '타인, 남, 너'라고 부릅니다.

　에고마인드가 자기와 동일시하지 않는 사람들, 대상들, 현실들을 적대시하거나 저항하고, 때로는 수용하여 좋은 관계를 맺거나 통제하고 제어하려고 합니다.

　에고마인드는 자신으로 여기는 생각들, 대상들을 모아 나라는 정체성으로 통합하려 합니다. 반대로 자신이라고 여기지 않는 생각들이나 대상들을 모아 외부와 내면을 분리하고 나와 남을 분리하며, 심지어는 나를 분리하여 파편 자아를 형성하고 그것을 타인으로 여기고 저항하기도 합니다.

　모든 대인관계는 나와 동일시하는 정체성들, 생각들과의 관계를 반영하고 있습니다. 상대방을 통제하거나 저항하거나 사랑이나 관심을 요구하거나, 자신 내부에서 채워지지 않는 욕구를 충족하려고 요구할 때 관계가 불편해집니다. 가장 큰 삶의 문제들은 부정적 정체성을 나라고 착각하면서 그 정체성을 고집(일명 꼬라지)하고 끊임없이 외부 대상을 불편하게 만들면서 생겨납니다.

　부정적 정체성은 "~할 수 없다, 부족하다, 가진 것이 없다, 사랑받고 있지 못하다, 건강하지 못하다, 몸이 약하다, 알지 못한다, 자신감이 없다"라는 부정적인 생각들과 자신을 동일시하는 것입니다. 실제의 나는 생각이 아니며 내가 동일시하는 정체성도 아니고 에고마인드도 아닙니다. 나는 인간적 경험을 하고 있는 영혼적 존재입니다.

　에고마인드가 타인으로 규정한 내부 또는 외부 대상들에 대한 공격적이고 방어적 기제를 내려놓고 타인을 있는 그대로 수용하고 존중할 때 모든 관계의 문제들이 해결될 수 있습니다.

　감사연습은 타인을 변화시키고 통제하려는 시도가 아닙니다. 감사연습은 내 안의 불편한 정체성과 생각들과 감정들을 감사로 정화하고 편안하고 안전한 상태에서 존재하는 것이 목표입니다. 타인의 문제는 그들이 스스로 책임져야 할 문제이며 나는 오직 나의 내부의 문제만을 다룰 수 있을 뿐입니다.

자기신뢰와 자기사랑으로 문제를 일으키는 나의 내면의 부정적인 정체성을 완전히 수용하고 감사합니다. 그러면 내면의 평화가 찾아옵니다. 내 안의 평안은 점차 외부 현실에 반영됩니다.

나는 나와 동일시하는 정체성들을 완전히 감사로 수용합니다.
나는 나와 동일시하지 않는 모든 대상들에게 감사합니다.
나는 문제를 일으키는 부정적인 정체성을
더욱 감사하고 사랑합니다.
나는 영혼적 존재로서
내가 취한 모든 인간적 정체성들을 사랑합니다.

분석

에고마인드는 본성으로부터 주어지는 느낌을 파악하고 분석하려 합니다. 에고마인드는 오감 센서로부터 주어지는 감각정보를 파악하고 분석하려고 합니다. 에고마인드는 나자신이 주는 영감과 에너지를 파악하고 분석하려고 합니다. 에고마인드는 끊임없이 외부 현실 세계를 파악하고 분석하고 해석하려고 합니다.

에고마인드는 여러 가지 제약으로 인하여, 보이지 않는 세계나 미래를 알 수 없습니다. 무지에 대한 불안과 두려움에서 벗어나기 위하여 에고마인드는 알아내고자 하는 욕구를 가지고 있습니다. 에고마인드는 모르는 대상에 대하여 파악하고 쪼개고 파괴하고 분석합니다. 알 수 없는 진실이나 미래, 과학적 원리, 우주의 원리를 알아내고자 끊임없이 연구하고 실험합니다. 알고자 하는 욕구가 충족되어 편안해질 때까지, 에고마인드는 긴장하면서 분주히 파악하고 있습니다. 알고 나면 긴장도 해소되고 일시적으로 편안해질 수 있지만, 앎은 끝이 없으며 우주는 모르는 것으로 가득 차있습니다.

에고마인드는 외부 대상뿐만 아니라 자기 자신을 분석하면서 자신을 쪼개고 분리합니다. 이렇게 분리되고 쪼개진 자아는 다시 통합하는 과정에서 질병을 유발하기도 합니다. 파악하고 분석하고 쪼개고 해석하여 사물이나 현상에 대하여 어떤 견해와 의미를 부여합니다. 에고마인드는 궁극적으로 나와 우주에 대하여 알고 싶어 하고 삶의 의미를 찾고 싶어 합니다.

에고마인드가 복잡하게 세부적으로 나누어 분석하고 의미를 찾는 과정에서 과학이 생겨나고, 연구를 통해 과학이 발전하고 있습니다. 이것이 에고마인드의 장점이기도 합니다.

나는 파악하고 분석하면서 의미를 찾아가는
에고마인드를 멈추고 감사로 정화합니다.
나는 삶의 문제들에 대한 해결책을 찾기 위해
분주하게 일하는 에고마인드를 멈추고 감사로 정화합니다.
나는 에고가 만든 모든 견해와 해석을 감사로 정화합니다.
나는 복잡하고 세부적으로 분석하는 에고를

정화하고 단순하게 통합해 갑니다.
나는 파악하고 분석하기보다는 다가오는 모든 것을
있는 그대로 수용하며 감사합니다.

카리스마

　에고마인드는 카르마적 배경에 의해 영향을 받아 태아기에 형성되기 시작합니다. 혈통과 영적 가계, 전생 자아, 탄생 각인과 맹세, 명리적 배경 등의 카르마적 경향성이 하부마인드와 에고마인드가 형성되는 단계에서 강력한 영향을 주게 됩니다.
　카르마는 교훈과 지혜를 얻지 못한 채 남아있는, 미완성된 에너지나 종료하지 못한 채 남겨둔 인생 드라마를 의미합니다. 카르마적 배경은 이번 생애 동안 갖게 될 두려움 패턴, 욕망 구조, 타고난 재능, 개성과 외모, 식습관, 건강과 질병, 풍요와 결핍, 삶의 목표와 직업 등에 영향을 미칩니다. 미완성으로 아직 종료되지 않은 에너지나 드라마는 카르마가 되고 카르마는 서브마인드와 에고마인드의 가상현실과 신념의 매트릭스에 영향을 주며 외부로부터 마교를 불러들입니다.

　반면에 긍정적인 카르마나 완성된 카르마는 카리스마가 됩니다. 카리스마는 자신에게 유익하고 좋습니다.
　비범한 리더십, 탁월한 재능이나 능력, 두려움 없는 용기, 강한 열정, 자신을 따르는 사람들에 대한 사랑 등은 에고마인드의 카르마적 제약과 장애를 극복하고 승화하여, 새로운 에고마인드로 업그레이드한 사람에서 풍겨 나오는 카리스마라 할 수 있습니다.

에고마인드의 카리스마는 자기사랑과 자기신뢰로 자기비하를 극복하고 다른 사람들을 이해하고 존중하며, 자신의 삶을 스스로 책임지고 선택하고 실천하는 모범을 보임으로써 리더십으로 표현됩니다.

서브마인드의 카리스마는 웃음, 표정, 목소리, 풍기는 에너지, 열정 등 주술적이거나 종교적인 카리스마로 표현됩니다.

미완성 드라마는 카르마를 낳고 카르마는 완성되면 카리스마가 됩니다.

> 나는 내 인생에서 반복적으로 나타나는
> 미완성된 감정 에너지를 감사로 정화합니다.
> 나는 끝내지 못한 드라마에 의해 갇혀있는
> 심리적, 감정적, 물리적 제약을 감사로 정화합니다.
> 나는 카르마의 제약과 장애를
> 감사로 정화하여 카리스마로 승화합니다.

하나의 마음

에고마인드는 대조적 체험을 위해 이원성과 양면성을 가지고 있습니다. 에고마인드는 하나를 이해하거나 하나에 머물기를 싫어합니다. 에고는 하나를 둘로 나누고 한쪽 편에 서서 반대편과 대립합니다.

선을 알기 위해서는 선과 대조되는 악이 필요합니다. 빛을 알기 위해서 어둠이 필요하고 사랑을 알기 위해서 미움도 필요합니다. 에고마인드는 대조적인 인식과 경험을 통해 하나를 알아가고 있습니다.

에고의 이원성과 양면성은 영혼적 존재의 성장을 위한 가장 강력한 도구입니다. 이원성의 양쪽 모두를 다 수용해 초월하게 되면 에고의 모든 게임에서 벗어나게 됩니다.

에고는 하나에 집중하는 걸 두려워하고 힘들어합니다. 에고를 다스리고 에고를 초월하려면 하나에만 집중해야 합니다. 에고마인드시스템에서 탈출하는 방법은 하나에만 몰입하고 집중하는 것입니다. 하나만 의식하고 하나만 집중하면 멘털 프로세스는 붕괴되고 더 큰 마음으로 확장됩니다.

나는 대조적인 체험을 통해 얻어진 지혜에 감사합니다.
나는 하나에만 집중함으로써
에고를 정지시키고 초월하게 되어 감사합니다.
나는 이원성의 게임판인 3차원 현실을 통해
영적으로 성장해 가는 삶을 감사합니다.

에고탈출

에고마인드는 해석이 불가능한 더 높은 차원의 에너지나 느낌(feeling)을 말이나 언어로 완전하게 표현하고 전달할 수 없습니다. 언어의 한계로 느낌이나 에너지를 말로 전달해 이해시키기는 어렵습니다. 느낌은 느낌으로 전달할 수밖에 없습니다.

에고마인드는 과거기억에서 떠오르는 직감이나 미래기억(잠재성)에서 내려온 영감이 불어넣어져 자각하는 순간, 느낌이나 깨달음이나 자각이 일어나는 순간, 말로는 다 표현할 수 없어 감탄하는 언어로 표현합니다.

'아' 하는 순간은 직감의 느낌을, '아하' 하는 순간은 영감의 느낌을 표현합니다. '아~'는 자각이 일어나는 순간을 표현하고, '하~'는 느낌이 와닿는 순간을 표현합니다.
느낌과 자각의 강도에 따라 '아~하~'의 느낌 언어가 터져 나옵니다.

느낌과 자각의 순간을 말로 다 표현하는 것은 에고마인드에게 어려운 일입니다. 에고마인드는 생각하느라 분주하며 갈등이 생기면 과부하가 걸리기 쉽습니다. 에고마인드는 외부 정보를 받아들일 때 왜곡, 삭제, 조작한 후 기억정보로 저장합니다. 에고마인드는 정합되지 못한 정체성이나 신념 체계들로 자기모순과 혼란에 빠지기 쉽습니다. 에고마인드는 고집을 부리기도 하지만 사실 너무나 연약하고 허점투성이가 많습니다.

대부분 사람들이 자신의 정신세계가 완벽하게 잘 갖춰져 있고 자신을 잘 보호하고 방어하며 어떤 것에도 속지 않고 있다고 생각합니다. 에고마인드는 마술사나 최면가, 사기꾼 등 전문가가 아닌 사람에게도 눈앞에서 에고의 방어막은 쉽게 뚫리면서 속아 넘어갑니다.

에고마인드에만 의존하면 아무것도 제대로 알 수 없고 제대로 판단하고 선택할 수도 없습니다. 이미 에고마인드는 환망공상에 빠져있고 외부 감각정보에 속고 있기 때문입니다. 그러므로 가슴으로부터, 나자신으로부터, 근원으로부터 주어지는 느낌을 에고마인드가 수용해 활용해야 합니다. 느낌을 속이기는 어렵습니다.

느낌을 받아들이는 순간의 섹시한 언어 '아하'로 에고마인드에 진리의 양식을 주어야 합니다.

　에고마인드는 '하하하~' 하고 웃는 순간 생각을 정지하고 쉽니다. 에고마인드에게 웃음이 없다면 아마도 많은 사람들이 정신질환에 빠졌을 것입니다. 에고마인드의 과부하와 스트레스를 해소하고, 강박과 제약에서 벗어나게 하기 위해 웃음 보약이 꼭 필요합니다. 웃음은 에고가 발달한 인간에게 준 선물입니다.

　웃음이 주는 생리적, 심리적 영향은 상당히 많습니다. 힘들고 어려운 날을 경험하고 있다면, 에고의 과부하와 강박과 스트레스로 세포통신마저 장애가 일어나고 있다면 웃음은 최고의 치료제가 될 것입니다.

　에고마인드를 정복하거나 탈출하거나 쉽게 해주고 싶다면 웃음을 활용하세요. 웃음은 에고의 불균형을 정화하는 최고의 도구입니다. 웃음은 다행히도 배우지 않아도, 연습하지 않아도 되는 천부적으로 내재된 신의 선물입니다.

　하지만 너무 에고마인드만 강화하고 에고마인드만 의존해 살다 보니 웃음이 점차 줄어들고 에고마인드는 손상되어 갑니다. 이제 에고마인드에 웃음을 불어넣어 균형을 맞추어야 합니다.

　감사연습에서는 웃으면서 감사를 표현하거나, 감사를 표현하고 난 후에 신나게 웃어줍니다.

"나는 화내고 우울하고 아파도 감사합니다. 하하하~"
'하하하~' 웃음코드는 에고 탈출 코드입니다.

　에고마인드는 단순하게 하나에만 집중할 때 자신의 능력을 최대로 발휘합니다. 일심 집중은 에고의 혼란과 번뇌를 정복하는 방법이고, 웃음은 에고를 정지하고 탈출하여 잠시 영혼적 존재로 돌아가는 방법입니다. 에고는 웃음으로 치유하고 균형 맞추고 감사로 정화해 주면 아무런 문제가 되지 않습니다.

나는 에고와 함께 웃으면서 살아가기로 선택합니다. 감사합니다.

의식적으로 웃음을 반복하면 웃음의 신경망이 형성됩니다. 뉴런은 의식적인 망을 형성하고, 교세포는 무의식적인 망을 형성합니다. 특정한 생각과 행동을 반복하면 뇌신경망의 특정 부분이 켜지고 활성화됩니다. 웃음의 신경망을 가지고 있는 사람이 가장 현명한 사람입니다. 감사와 웃음으로 즐거운 날들을 창조해 가시기 바랍니다.

기쁨의 삶으로 전환하는 방법

우리는 내일을 알 수 없습니다. 불명확한 미래에 대한 불안과 두려움은 우리의 삶을 긴장시킵니다. 그 두려움들은 외부의 어떤 대상이나 물질을 끌어당기며 결핍을 채우려 합니다. 좋은 대학을 가고 싶고, 좋은 직장에 들어가고 싶고, 좋은 배우자를 만나고 싶고, 좋은 집을 사고 싶고 좋은 차를 가지고 싶고, 남들보다 더 나은 삶을 위해 끊임없이 경쟁하고, 달라질 내일을 기대하며 시간과 에너지를 쏟아붓습니다.

하지만 인생이 언제나 내 뜻대로 흘러가지 않는다는 것을, 굴곡진 골짜기를 지나고 소중한 것을 잃고 나서야 뒤늦게 깨닫습니다. 쓰고 싶은 욕구를 참아가며, 열심히 모은 돈이 예상치 않은 일로 나가게 되거나, 부모나 형제에게 돈을 써야 하거나, 친구나 지인을 믿고 투자했다가 빼앗기기고, 참고 견디어 온 시간이 허망해지는 좌절의 시간을 맞이하기도 합니다.

변치 않는 사랑을 꿈꾸며 결혼을 하지만, 각자의 기대에 걸맞은 역할만을 강요하고, 누구도 손해 보지 않으려, 누구도 희생하지 않으려, 감사도, 이해도 없는 위태로운 결혼생활은 서로에게 생채기를 내고 가슴은 더욱더 딱딱하게 굳어만 갑니다.

진정 원하던 삶은 이런 것이 아니었는데, 왜 이런 시련이 다가오는 것일까?
난 열심히 살았을 뿐인데, 도대체 어디서부터 잘못된 걸까?
먹고살려니 어쩔 수 없었다고, 모두를 위한 선택이었다고 남의 탓, 상황 탓을 하며 자신을 변명하고 싶습니다.

원망의 화살은 누구에게 겨누어야 할까요?
문제의 원인도, 해결할 방법도 딱히 떠오르지 않고, 안타까운 시간들만 흘러갑니다. 현실이 기쁘지 않고 불행하다 느낀다면, 이제 내면의 나와 만나야 하는 시간입니다.

간절히 꿈꾸어 온 나의 삶을 잊고 있었다면, 지금 이 순간 진정 원하는 삶이 궁금하다면, 문제를 풀어갈 방법을 알고 싶다면, 지금이 내면의 나와 소통해야 할 시간입니다.

지금까지 어떤 패턴으로 살아왔었나요?
내면의 바람보다 외부에 비치는 모습에 초점을 맞추고, 남을 의식하며 살았던 것은 아닐까요? 외부가 기대하는 모습, 외부가 바라는 평가 기준에 나를 맞추며, 그들의 관심과 인정에 목말라하며, 나의 기쁨인지 타인의 기쁨인지도 모른 채, 스스로를 고달프게 하진 않았나요?

진정 원하는 삶은 어디에 있을까요?
매 순간의 선택이 진정 내면이 원하는 선택이었다고 말할 수 있을까요?
어쩌면 내면의 바람을 밀쳐두고 나의 선택을 남에게 전가하고, 또는 누군가 선택해 주기만을 기다리진 않았나요?

나의 감정이 무엇을 말하고 있는지 알아채야 합니다. 왜 화가 나는지, 왜 답답한지, 왜 슬프고 외로운지, 풀리지 않는 문제들이 내게 전하려는 메시지가 무엇인지 알아채야 합니다.

진짜 나의 마음, 표출되는 감정 아래 깊은 내면의 소리를 들어보았나요?
드러나지 않는 속마음을 자각하기가 쉽지 않습니다. 내면을 들여다볼 잠깐의 여유, 내 삶의 쉼표가 필요합니다. 부담스럽거나 까다로운 일이 아닙니다. 잠시 잊고 있었거나 스스로 어색함을 느끼는 정도죠. 그리고 많은 시간이 필요하지 않습니다.

홀로 머물 수 있는 단 몇 분 동안만이라도 괜찮습니다. 머릿속에 떠도는 생각들을 잠시 놓아주기만 해도 됩니다. 그런 잠깐의 쉼만으로도 버려진 내면의 나를 만날 수 있습니다. 이제 진짜 나와 내 안의 작은 아이를 바라볼 시간입니다.

우리는 오랜 시간 동안, 긍정과 부정의 인생 체험을 통해 다양한 감정을 학습하고, 가정, 학교, 직장, 종교단체 등의 집단의식을 더해 내면에 뿌리 깊은 고정관념들을 만들어냈습니다. 이 고정관념을 '나'라고 믿고 살아가지만, 사실 이것은 '나'인 척 행세하는 가짜 나입니다.

이 녀석이 바로 나의 에고입니다. 에고는 수집된 데이터로 고정화된 딱딱한 틀을 짜고, 그 틀 안이 안전하다 믿습니다. 그래서 끊임없이 관찰하고 통제하며, 어떤 변화도 받아들이려 하지 않습니다. 이래서 안 되고 저래서 안 되고, 이래야 좋고 저러면 나쁘고, 판단하고 분별하고 의심하고 비판하면서 변화를 저항합니다.

에고는 나의 모든 것을 판단하고 분별하고 조종하는 뇌 안에 컴퓨터와 같습니다. 에고는 가슴의 느낌이나 영감을 이해하지 못합니다. 모든 생각과 감정을 놓아주는 순간이 에고가 정지되는 순간입니다. 그때 비로소 가슴의 느낌을 체험할 수 있습니다.

신나게 웃을 때, 눈물 나게 기쁠 때, 좋은 음악을 듣거나, 감동적인 책을 읽거나, 가슴 찡한 영화를 감상할 때, 잠이 들어 행복한 꿈을 꿀 때, 에고는 작동을 멈추게 되고, 이 순간에 영혼의 기쁨과 열정을 느낄 수 있습니다.

강한 에고에 갇혀있는 사람은 원하는 삶이 무엇인지도 모른 채, 방향을 잃고 목적 없이 살아갑니다. 내면의 변화나 새로운 삶에 대한 도전도 감히 생각조차 하지 못하고 말이죠. 에고의 데이터는 확고한 교리가 되어 우리의 삶을 통제하고 지배합니다. 에고의 부정적 기억들은 더욱더 강력하게 자리 잡고, 변화하지 못하도록 방해합니다.

부정적 기억들을 정화하는 과정에서 저항이 느껴진다면, 그것은 가짜 나인 에고의 저항임을 알아차리면 됩니다. 두려워하거나 막막해하지 마세요. 나의 작은 변화가 내 주변의 환경을 바꾸게 하여, 삶의 문제들이 하나씩 풀려나가는 체험을 하게 될 것입니다. 행복한 나를 위해 하루 15분만 투자하세요. 온갖 핑계들을 대면서 더 이상 선택을 미루지 마세요.

지금 이 순간이 기쁨의 삶으로 전환하기 가장 좋은 때입니다. 이 순간을 놓치면 또다시 이런 기회와 인연을 만나기가 어렵습니다. 감사연습을 만나고 감사연습을 함께하는 사람과 인연이 되는 것이 인생에서 가장 큰 행운이 될 것입니다.

이제 감사연습으로 나를 변화시킬 준비가 되셨나요?

03 마인드게임 정화하기

자기비하(self devaluation)게임

인생은 영혼이 인간과 융합해 물리적인 세계를 체험하고 다시 분리되어 돌아가는 여정을 의미합니다. 인간은 이원성의 게임장인 지구에 화신한 아바타입니다. 인간의 내부에는 참나의 본성이 내재되어 있습니다.

영혼은 컴퓨터 게임이나 TV 드라마와 같이 다양한 정체성을 부여받고, 맡은 역할놀이를 충실하게 하면서, 인생을 체험하고 있습니다. 에고마인드와 서브마인드는 3차원 홀로그램과 신념의 매트릭스를 생성하여 외부 현실을 생생하게 체험하도록 지원하고 있습니다.

인간의 마음과 마음 사이에서 다양한 체험의 양상이 나타납니다. 마인드게임은 진짜는 그런 것이 아니라는 것을 알면서도, 마치 그렇게 된 것처럼 역할놀이를 하는 마인드의 속임수를 말합니다. 마음은 뇌신경망을 기반으로 뇌내 망상들을 3차원 현실에 투영시켜 다양한 게임을 만들고 있습니다.

마인드게임 중에 가장 대표적인 것은 자기를 비하하고 평가 절하하여 자신을 무력화시키는 게임입니다. 에고마인드는 다른 존재와 비교해 자신을 열등한 존재로 단정 짓는 망상을 현실에 투영하여, 자기비하(자기비난, 자기무력화)게임을 체험합니다. 마인드게임은 너무나도 생생하기 때문에 자신이 이런 게임에 빠져 중독되어 있는지도 알아채지 못하고 있습니다. 마치 너무나 선명한 총천연색의 가상현실에 들어가면 진짜 현실과 구분을 하지 못하는 것과 같습니다.

나는 나를 비하하고 비난하며 스스로 무기력하게 만들고 있는
마인드게임을 감사로 정화합니다.
나는 자기비하게임을 멈추고
자기신뢰와 사랑으로 나를 존중합니다.
나는 나를 열등하게 만든 망상들을 감사로 정화합니다.

위장게임

지구별 여행자들은 모두 자신이 누구인지에 대한 기억을 잃어버린 채 인간적 체험을 하고 있습니다. 지구에 들어오는 영혼들은 모두 기억상실을 받아들였으며, 용감하게 자신이 누구인지 잊어버리기로 선택했습니다.

대부분의 사람들은 기억상실로 자신의 정체성을 모른 채 무기력하고 무능력한 존재로 자신을 비하하며 살아가고 있습니다. 지구의 집단의식에 의해 왜곡된 기억으로 세뇌되거나, 그나마 남아있는 기억마저 조작해 무엇이 진실인지 알 수 없게 되었습니다.

이 모든 기억상실과 기억 조작이 가능했던 이유는 매우 민감하게 모든 정보를 흡수하는 두뇌의 특성과 마인드 조작 기술, 지구를 통제하는 매트릭스, 강력한 지구의 중력장 등에 의해 인간은 자신의 정체성에 대한 기억을 유지하기 어려웠기 때문입니다.

그러나 완전히 기억을 지울 수는 없습니다. 영혼의 본성은 자신이

누구인지에 대한 실마리를 저장하고 있습니다. 영혼적 존재로 다시 깨어나 자신에 대한 정체성을 자각한 사람은 자신이 나자신으로부터 온 존재임을 알게 됩니다.

에고마인드는 이런 영혼적 기억이나 느낌은 말도 안 된다고 생각하고 무시하고 아닌 척하면서 인간의 정체성에만 집중시킵니다. 에고마인드는 자신이 누구인지 모르는 척, 아무것도 모르는 척, 창조자가 아닌 척하는 위장게임을 하고 있습니다. 영혼의 본성을 무시하고 없는 척하면서 숨바꼭질게임을 하고 있습니다.

에고마인드는 자신이 누구인지에 대한 느낌을 무시하고, 자신이 누구인지 모르겠다고 생각하고, 선택과 허용의 창조자임을 인정하지 않으려고 합니다. 그러나 가슴 어딘가에서 올라오는 내면의 메시지는 사라질 수 없습니다.

나는 모른 척 연기하고 있는 위장게임,
숨바꼭질게임을 감사로 정화합니다.
나는 에고의 게임을 종료하고
가슴의 느낌을 신뢰하고 감사로 받아들입니다.

꾀병게임

영혼의 입장에서 보면 두뇌의 마음(에고마인드와 서브마인드)이 만들어내는 모든 환망공상의 드라마는 마치 가상현실의 컴퓨터 게임처럼 느끼고 체험합니다. 영혼이 가상현실의 체험 때문에 손상되거나 아프지 않습니다. 물리적인 뇌신경망을 기반으로 하는 마인드시스템이 아픔이나 고통을 느끼는 것입니다.

뇌신경망(Brain Neuron Network)이 없다면 통증, 고통, 아픔, 질병을 체험할 수 없습니다. 인생의 여정 중에 CTS(갈등, 트라우마, 스트레스)가 발생하면 생물학적인 위기관리시스템(BCMS)이 작동하게 되는데, 갈등 해결과 치유 과정을 거치는 동안 마음은 제한적으로 운영됩니다.

마음은 치유 과정에서 얻게 되는 여러 가지 이득을 알게 되고, 이것을 활용해 게임을 만들어냅니다. 아프고 힘들어하고 질병에 걸리면, 주변 사람들의 관심을 더 받게 됩니다. 아플 때에는 자신을 힘들게 하는 사람들도 더 이상 괴롭히지 않고 편안히 휴식하게 만들어줍니다. 질병으로 얻어지는 2차 이득이 상당히 큰 경우에는 아픔을 감소하고서라도 질병을 원하는 질병게임을 만들어냅니다.

아이들이 학교 가기 싫을 때는 꾀병을 만들어냅니다. 시어머니와 갈등으로 힘들 때, 시어머니가 괴롭히지 못할 정도의 큰 병이 생긴다면 더 이상 시어머니에게 괴롭힘을 당하지 않을 것입니다. 꾀병으로 이득을 얻게 된 아이는 나중에 더 큰 질병으로 더 많은 이득을 얻으려고 할 것입니다. 수많은 가짜 환자들이 생겨나는 것도 이런 꾀병게임의 양상입니다.

아픈 척 꾀병 부리다가 실제로 질병에 걸리게 됩니다. 아파야만 빠져나올 수 있는 상황이라면 아픔과 질병을 억지로라도 만들어낼 것입니다. 대부분은 자신이 원하지 않는 삶에 대한 저항에서 시작됩니다. 가족 내 갈등, 경제적인 문제, 대인관계 문제, 하기 싫은 일이나 직장

생활에서 벗어나고 싶을 때 질병과 꾀병게임을 활용합니다. 또는 사람들의 관심이나 사랑받기 원할 때도 이 게임을 만들어냅니다.

질병으로 이득을 얻기 위해 꾀병게임을 할 것인가, 아니면 힘든 상황에서 벗어나기 위해 당당하게 선택하고 자기 삶을 창조해 갈 것인가 선택해야 합니다.

나는 학교 가기 싫어서 아픈 척했던 기억을 감사로 정화합니다.
나는 하기 싫은 것, 먹기 싫은 것, 만나기 싫은 미팅을
피하기 위해 아픈척했던 과거의 기억들을 감사로 정화합니다.
나는 내가 원하는 것을 질병과 꾀병게임으로 얻으려 하지 않고,
선택과 허용으로 당당하게 창조해 갑니다.

컨트롤게임

에고마인드는 모든 것을 통제하고 지배하며 밀어붙이고 조작하려고 하는 컨트롤게임을 하고 있습니다. 에고는 판단 분별 하고 파악하고, 의미를 찾고 목표를 정하여 앞으로 정진해 가려고 합니다. 에고는 3차원 현실 세계에서 주인공 역할을 하고 싶어 합니다. 에고는 나의 체험, 내가 처한 상황, 감정, 에너지, 해야 할 일과 업무, 대인관계 등 모든 것을 컨트롤하려고 합니다. 하지만 세상과 우주는 에고의 계획과 뜻대로 일들을 진행하지 않습니다. 우주는 에고가 바라는 것과는 다르게 신성한 보편적 진리를 구현하고 있습니다.

에고는 컨트롤하려고 하지만 삶은 그리 쉽게 통제되지 않습니다. 다른 사람이나 자연을 통제하려고도 하지만 그것도 쉽지 않습니다. 사업을 추진하면서 꼼꼼하게 계획을 세우고 일들을 잘 통제하더라도 성공하지 못하는 경우가 더 많습니다. 에고는 호흡과 에너지를 통제하여 자신이 원하는 대로 움직여 주기를 바라지만, 에너지는 스스로 균형을 맞추면서 비선형적이고 다차원적으로 일합니다.

마음은 있는 그대로 수용하고 감사로 받아들이는 것보다는 끊임없이 컨트롤하는 게임을 만들어냅니다. 그렇게 해야 마음이 안정감을 느끼고 편안해합니다. 예측할 수 없는 미래, 비선형적인 삶, 완전한 수용, 이런 것들은 마음에게는 불안 요인으로 작용합니다.

> 나는 마음의 컨트롤을 내려놓고
> 있는 그대로 감사하며 현실을 수용합니다.
> 나는 다른 사람과 자연과 우주를 통제하려고 하는
> 에고의 컨트롤게임을 감사로 정화합니다.
> 내가 컨트롤할 수 있는 것은 자기 자신뿐이라는 사실을
> 이해하고 받아들입니다.
> 나는 에너지를 컨트롤하기보다는
> 에너지가 스스로 일하도록 허용해 줍니다.
> 나는 컨트롤을 내려놓고
> 나자신에 대한 신뢰와 사랑으로 삶을 완전히 받아들입니다.

거짓말게임

　마음은 지배 세력의 정치적 목적으로 표준화되었습니다. 또 악동들의 장난으로 자신의 근원과도, 내면의 본성과도 연결이 끊어지고, 본래의 마음보다 축소되었습니다. 마음은 겉과 속, 표면과 내면이 다르게 형성되면서 에고마인드시스템이 변형되기 시작합니다. 변형된 에고마인드시스템은 내면의 감정이나 생각, 느낌을 그대로 말과 행동으로 표현하지 않고 왜곡하거나 삭제하고, 본심과 다르게 표현합니다.

　마음은 천성적으로 가상현실을 만드는 장치입니다. 우주를 3차원적으로 해석하고 시뮬레이션하는 생화학적 프로세서입니다. 마음은 내면의 느낌과는 다르게 거짓으로 꾸며낸 이야기로 표현합니다. 한마디로 마음은 거짓말 생성 장치입니다.
　마음은 자신을 속이고 거짓말하는 자기기만게임을 하고 있습니다. 겉으로는 착하고 도덕적으로 보이기 위한 위선적인 태도로, 진짜 속마음이 아닌 거짓을 연출합니다. 자신을 보호하고 집단 내에서 생존하기 위해 거짓말을 지어내고, 거짓을 말하는 거짓말게임을 하고 있습니다.

나는 나 자신을 속이고 기만하고 있는
자기기만게임을 감사로 정화합니다.
나는 다른 사람들에게 잘 보이려고 위선적인 말과 행동을 했던
위선 게임을 감사로 정화합니다.
나는 거짓으로 말할 수밖에 없는 상황에서
거짓말게임을 하고 있음을 자각합니다.

나는 거짓말보다는 가슴을 열고 진실을 말하는 용기를
감사로 수용합니다.

희생자게임

창조적이고 주권적인 사람은 삶을 주체적으로 선택하고, 자기의 주장을 말하고, 자기의 감정을 잘 표현하며, 자신의 의도대로 행동으로 실천합니다. 하지만 대부분의 사람들은 권력과 권위, 명성, 인기가 있는 사람들에게 끌려다니고, 그들에게 자신의 에너지, 경제적 자산, 시간, 관심 등을 빼앗기며 희생당하면서 살아갑니다.

2명 이상이 만나는 모든 대인관계에서는 서열이나 갑을관계가 형성되는데, 더 서열이 낮거나 을이 될 경우 희생자가 되기 쉬워집니다. 희생자게임을 하는 사람은 가해자게임을 하는 사람을 끌어당깁니다. 희생자 역할을 하는 사람이 많을수록 가해자들도 많아집니다. 주체적으로 살지 못하고, 가해자들의 영향력 안에서 살아가는 희생자 모드를 종료하고 창조자 모드로 업그레이드해야 합니다. 더 이상 그들에게 희생당하고 에너지를 빼앗기는 것을 멈추어야 합니다.

희생자게임의 예를 들면, 가족 간에도 남편은 지배자, 가해자가 되고, 아내는 희생을 강요당하고 있을 때, 사랑과 존중을 받지 못하면서 엄마로, 며느리로, 주부로서 역할만 강요받는다면 희생자가 된 기분을 느낄 것입니다. 남편도 돈 벌어 오는 기계로 전락한 가장이라면 가족에게 희생당하는 기분이 들 수도 있습니다.

직장 내에서 권력을 가진 상급자나, 정치 권력을 가진 자에게 삶을 통제당하고 지배당하면서 희생자로 살아갈 수도 있습니다. 나의 관심과 시간을 요구하는 인기 연예인에게 에너지를 낭비하면서 희생당할 수도 있습니다.

나보다 더 지식과 권위를 가지고 있는 전문가나 사회 지도자의 지시를 따르면서 희생자가 된 기분이 들 수도 있습니다. 비즈니스 관계에서 자신이 더 손해 보거나, 일한 만큼 충분한 소득이나 급여를 받지 못하고 있다고 느낄 때도 희생자가 됩니다.

희생자 모드를 종료하려면 자신에 대한 사랑과 신뢰를 회복하고, 위대한 선택과 허용의 창조자로 거듭나야 합니다. 주권적이고 의식적인 창조자로서 자신을 표현하고 주장하면 가해자-희생자게임에 말려들지 않게 됩니다. 창조자 모드로 에고마인드를 업그레이드하면, 사랑과 존중을 기반으로 대인관계가 재설정되므로, 동등한 입장에서 윈윈(win-win)게임을 할 수 있습니다.

희생자 모드에 잘 빠져드는 사람은 자신을 신뢰하지 못하고 의심하고 불안해하고 타인에 대한 의존과 집착이 강합니다. 그들은 실패의 경험이 누적되면서 자기비하의 신념 체계가 내면에 확고하게 형성되어 있습니다.

나는 나를 신뢰하지 않고 남을 의지하면서
희생자로서 살았던 과거기억을 감사로 정화합니다.
나는 나에게 가해자 역할을 한 모든 존재들을 감사로 정화합니다.
나는 희생자게임을 종료하고
당당하게 나 자신을 세상에 표현합니다.

나는 주권적 창조자임을 이해하고 감사로 수용합니다.

해답찾기게임

에고마인드는 삶의 문제와 이슈를 해결하기 위해 분석하고 파악하며, 해답을 찾기 위해 노력합니다. 에고마인드는 경험하는 것들의 진정한 의미를 알지 못해 불안해합니다. 전체적인 조망이나 신성한 섭리를 이해할 수 없어 지금 이 순간의 체험들을 두려워하기도 하고 저항하기도 합니다.

에고는 불안을 해소하기 위해 문제의 해답을 찾고, 삶의 의미와 교훈을 알아내고자 하며, 새로운 아이디어를 짜내기 위해 고민합니다.

"이 문제를 어떻게 해결할 것인가? 어떻게 처리해야 할지 모르겠다!"
"도대체 왜 나에게 이런 일이 일어나는가? 이것의 의미는 무엇일까?"
"내가 후회 없는 선택을 하려면 어떤 것을 선택해야 할까? 선택하는 것이 너무 어렵고 두렵다!"

에고의 해답 찾기와 의미 찾기는 삶을 살아가는 이유이며 유익한 측면도 있지만, 때로는 복잡한 해답과 의미를 찾는 게임에 빠져 선택을 하지 못하고 주저하게 됩니다. 오히려 찾기게임에 중독되거나 갇혀 빠져나오지 못하고 내면으로 퇴행하여 외부 현실을 리얼하게 살아가지 못하게 됩니다.

본질적으로 에고는 완전한 해답과 의미를 찾아낼 수 없습니다. 그것은 가슴으로부터 자연스럽게 옵니다. 찾을 필요가 없습니다. 그냥 인정하고 받아들이기만 하면 됩니다.

　에고마인드가 새로운 영감과 아이디어를 받아들이기 위해 마음의 문을 여는 것은 유익합니다. 하지만 자연스럽게 들어오는 영감을 인위적으로 찾아 헤맨다면 찾기 게임에 빠져든 것입니다. 영감은 멘털 프로세싱을 멈추고 제로마인드가 될수록 쉽게 수신됩니다. 뭔가를 찾아내고 받으려고 할수록 영감이 들어오는 문을 닫게 만듭니다.
　깊게 호흡하고 이완합니다. 그리고 주어지는 영감과 아이디어를 감사로 수용합니다. 그리고 마음을 비우고, 삶을 즐기면 어느 순간에 영감이 수신되어 생각으로 떠오를 것입니다. 영감의 순간, '아하~' 하는 순간은 기대하지 않고 예상하지 않은 순간에 찾아옵니다.

나는 매 순간 주어지는 영감과 아이디어를 감사하며 받아들입니다.
나는 삶의 문제를 해결하고 의미를 알아내고자
많은 시간을 보냈던 기억을 감사로 정화합니다.
나는 이미 해답과 의미를 알고 있음을 받아들이고,
찾기 게임을 내려놓습니다.
나는 매 순간 주어지는 영감의 메시지를 감사로 수용합니다.

감염게임

　마음은 생화학적, 전자기적, 양자적 바이오 컴퓨터입니다. 마음은 본질적으로 수많은 프로그램과 과거기억정보를 바탕으로 작동하고 있습니다. 마음은 외부 정보를 민감하게 흡수하며, 때로는 아무런 비판이나 판단 분별 없이 외부의 제안을 수용합니다. 마음이 가슴의 느낌을 신뢰하고, 외부 정보를 선택적으로 수용하고 허용한다면 문제가 되지 않습니다. 하지만 마음이 무비판적으로 모든 정보를 다 흡수한다면 마인드시스템에 과부하가 걸리거나, 대립된 정보들의 교란으로 혼란에 빠질 수 있습니다.

선택과 허용의 창조자로서 자신의 느낌을 따라 수용할 것인지 수용하지 않을 것인지 선택하고, 선택한 후에는 선택이 실현되도록 허용하는 것이 가장 효율적입니다. 가슴과 마음의 균형과 조화가 적절하게 이루어진 삶이 가장 이상적인 삶의 방식일 것입니다.

가슴의 느낌을 따르지 않는 사람들은 외부의 감각정보, 집단의식, 최면적 제안과 암시에 따라 좀비처럼 희생자가 되어 살아갑니다. 권위 있고 지식이 많은 존재들이 바이러스처럼 밈(meme)을 퍼뜨려 마음을 감염시킵니다. 나도 모르게 스며들어온 마교와 밈에 감염되어 자신의 뜻대로 살아가기보다는 희생자 모드로 살아갑니다.

최면적 암시(implant)에 따라 좀비처럼 활동하는 감염게임은 모든 바이러스질환의 양상처럼 급속도로 퍼져나갑니다. 자신이 소속된 사회집단으로부터 주어지는 무언의 마교들에 감염되어, 내 주변 사람들에게도 전파하고 그들도 감염되게 만듭니다. 이런 감염게임의 양상으로 감염병이 확산되고, 사회적 불안과 걱정, 타인의 불편한 감정과 생각까지도 전이됩니다.

나는 더 이상 최면적 암시에 휘둘리지 않고
가슴의 느낌에 따라 선택합니다.

나는 희생자 모드를 종료하고 의식적인 창조자로 살아갑니다.
나는 감염게임을 멈추고 사랑을 나눠주는 존재로 살아갑니다.

무감각게임

에고마인드는 가슴의 느낌과 오감 정보를 가로채 분석하고 판단하여, 느낌을 왜곡하고 무감각하게 만듭니다. 느낌과 감각의 모든 정보를 다 처리하지 못하므로 필요한 부분만 받아들여 해석하고 정량화합니다. 나머지 부분들은 삭제하여 느끼지 못하고 감각하지 못한 것처럼 제거합니다. 이러한 에고의 작동 방식으로 인하여 자신이 저항하거나 원하지 않는 부분은 무감각해지고 자신이 원하는 부분만 보게 되는 스코토마(scotoma)에 의해 제한된 삶에 갇혀 살게 됩니다.

에고마인드는 감각과 느낌을 재해석하면서 심리적 맹점에 빠지는 무감각게임을 하고 있습니다. 어떤 중대한 일이 발생하면 그것에만 집중하여 스코토마가 발생합니다. 그로 인하여 더 큰 그림이나 새로운 해법을 보지 못하게 됩니다. 눈앞에 이미 존재하는 해결책이 뻔히 보이는데도, 이건 나에게 중요하지 않을 것이라는 생각에 심리적인 맹점이 작용해 보이지 않게 됩니다.

에고는 과거기억, 감각, 느낌, 영감 등 수많은 정보들을 처리하는 과정에서 자신의 가치관과 신념 체계에 의해 정보를 왜곡, 삭제, 무시하여 자신만의 현실을 구성합니다. 이런 방식으로 에고는 원하는 정보만 받아들이고 새로운 잠재성은 보지 못하는 무감각게임에 빠져듭니다.

나는 나에게 흘러 들어오는 모든 정보를

있는 그대로 감사로 수용합니다.
나는 저항과 집착으로 인하여
스코토마에 빠져있는 제한 의식을 감사로 정화합니다.
나는 좁고 편협한 의식에서 벗어나
더 큰 시야와 그림을 보는 의식으로 확장해 갑니다.

망각게임

　지구의 모든 존재들은 자신이 누구인지, 왜 지구에 오게 된 것인지에 대한 기억을 완전히 지우고 태어납니다. 죽음의 차원전환 과정에서 강력한 빛에 의해 자신이 축적해 온 모든 기억이 소멸됩니다. 탄생 이후에는 강력한 지구 중력장과 지구격자시스템에 의해 왜곡되고 조작된 기억정보가 채워집니다.

　기억상실로 자신이 누구인지 자각하지 못하게 되면서, 자신이 선택과 허용의 창조자임을 잊어버리고, 조작된 기억을 받아들여 무능력하고 무감각적이고 무기력한 인간으로만 살아가는 망각의 게임에 빠져 있습니다. 망각게임은 지구에서 용감하게 자신이 누구인지 잊어버리고, 3차원 물질 현실을 체험하기로 선택한 모든 지구인이 운명적으로 받아들인 게임입니다.
　자신이 창조자임을 망각하고 인간으로서 물리적 창조 세계를 리얼하게 체험하겠다고 선택한 존재만이 지구에 들어올 수 있게 허용됩니다.
　진짜 자신이 누구인지를 알기 위해 끊임없이 자신을 탐구하고 확장해 가는 과정이 인생의 여정이라고 할 수 있습니다. 모든 사람들은 자신을 반영한 삶을 체험하면서 자신을 알아가고 있습니다. 이렇게 자신을 잊어버리고 나서 다시 자신을 찾아가는 인간 체험을 선택한 이유는 의식적 확장을 위한 나자신의 계획과, 우주적인 문제를 해결하기 위한 장대한 영적 프로젝트와 관련이 있습니다.

 지구격자시스템의 조정과 의식적 상승으로 지구에서 사는 동안에도 자신이 누구인지 다시 자각할 수 있는 기회가 주어졌습니다. 자신이 인간적 존재를 넘어 불멸의 영적 존재임을 자각하고 다시 깨어나 주권적 존재로서 새로운 삶을 살아갈 수 있는 선택이 가능하게 되었습니다.
 누구든지 가슴으로부터 주어지는 느낌과 메시지를 신뢰하고 자신이 영혼적 존재임을 인정하기만 하면 다시 깨어날 수 있습니다. 이런 깨어남의 여정을 방해하는 것이 바로 에고마인드입니다.
 자신의 내면 깊숙이 남아있는 기억까지는 완전히 지울 수 없습니다. 자신이 누구인지 다시 기억해 낼 수 있도록 봉인된 기억이 내면에 저장되어 있습니다. 본질적인 기억은 지워질 수 없는 자신의 정체성 그 자체입니다. 각자의 인생 여정에서 적절한 시기가 되면 본질적인 기억이 깨어나 다시 창조자의 정체성을 회복하게 될 것입니다.

나는 에고의 의심과 저항을 넘어
내가 누구인지에 대한 기억을 다시 회복하게 되어 감사합니다.
나는 외부에서 주어진 왜곡된 기억들을 감사로 정화하고
내면의 본질적인 기억을 감사로 수용합니다.
나는 망각게임을 종료하고 기억을 회복한 존재로서
주권적 창조자로 살아갑니다.

베일게임

에고마인드는 3차원 현실을 감각정보로 입력받아 내부 공간에 가상의 홀로그램 현실을 만듭니다. 에고마인드는 3차원 현실 이외의 정보는 삭제하거나 무시합니다.

에고마인드는 자신의 내부와 주위에 가득 찬 잠재성을 보지 못합니다. 자신의 주위에 있는 수많은 차원과 존재들을 감지하지 못하고 그것들이 마치 없는 것처럼 느끼게 합니다. 에고마인드는 자신의 주변의 모든 정보를 다 자각하지 못하고 3차원 현실에만 집중시키는 베일게임을 하고 있습니다.

다른 차원은 마치 베일에 가려진 듯 감추어져 있기에, 에고가 그 차원은 접근하기가 어렵습니다. 베일은 일종의 신념 체계의 장벽이므로, 다른 차원을 볼 수 없고 감지할 수 없다는 신념을 정화한다면 베일은 점차 얇아집니다.

베일에 대한 관념을 정화할수록 베일은 점차 얇아지고 다른 차원으로부터 에너지나 메시지가 흘러들어오게 됩니다. 베일은 3차원에만 갇혀있게 만드는 에고의 신념적 제약이므로 감사로 정화하고 점차 제거해 갑니다. 더 높은 차원으로부터 주어지는 느낌과 감각을 신뢰하고 완전하게 받아들인다면, 점차 베일을 걷어내고 다른 차원과 소통 라인이 형성됩니다.

*나는 3차원 현실에만 집중하는 에고의 작동 방식을 이해하고
에고의 제한과 베일을 감사로 정화합니다.*

나는 다른 영역에서 오는 느낌과 감각도 감사로 수용합니다.
나는 베일을 넘어 다른 차원으로부터 주어지는 에너지와 메시지를
감사로 수용합니다.

의존게임

에고마인드는 자신이 진짜 창조자도 아니고, 자신이 무능력한 존재라는 것을 인정하면, 외부 존재에게 의존하기 시작합니다. 신에게 의존하고, 더 영적으로 진화된 존재에게 의존합니다. 심지어 외계인, 대천사, 성인, 종교 지도자에게 의존하고 기도하기 시작합니다. 영적 도움과 안내를 요청하고, 풍요와 건강을 달라고 떼를 쓰면서 기도합니다.

의존게임을 하고 있는 에고마인드에게는 충격적이고 섭섭하겠지만, 진실을 알아야 합니다. 진실은 자신의 근원이 아닌 외부 존재는 기도의 대상이 아니라는 것입니다. 따라서 자신을 신뢰하고 자기 스스로 창조해 가야 한다는 것입니다. 신성은 자신 안에 있으며, 숨겨진 잠재능력을 사용해야 합니다. 삶의 문제들을 풀어줄 해답도 자신 안에서 찾아야 합니다. 아쉽게도 지구에 관여해 온 신들, 영적 그룹, 외계 존재들, 천사들의 불필요한 위원회들이 다 해체되었습니다. 더 이상 인간의 일에 관여하지 않습니다.

이제부터는 자신의 삶은 자기가 책임을 지고, 스스로 창조하고 주도해 가야 합니다. 자기 인생의 마스터로서, 자기 현실의 주인공으로 깨어나야 합니다. 에고의 의존게임은 이제 종료되었습니다. 더 이상 인간의 욕심을 채워달라는 기도는 응답받지 못할 것이고, 더 이상 외부

의 지원도 없습니다. 영적 가이드와 도우미마저 떠났습니다.

운이 좋아지기를 기다리고만 있으면 안 됩니다. 외부의 도움으로 치유되기를 바라지 마세요. 이제부터는 스스로 자신을 치유해야 합니다. 힐링하는 방법도 배우고 돈을 버는 방법을 배워야 합니다. 각자가 자신의 삶의 리더가 되는 방법을 배워야 합니다. 앞으로는 셀프 시대가 옵니다. 자신의 영적 성장은 외부의 도움 없이 혼자서 가야 합니다. 예전에는 신적인 창조자(Divine Creator)의 시대였지만, 지금은 인간 창조자(Human Creator)의 시대입니다. 바쁘게 일하고 있는 신을 그만 괴롭히고, 신에게만 의존하는 게임을 종료해야 합니다.

나는 외부 존재들의 도움을 기다리지 않고
지금 선택하고 창조합니다.
나는 나를 도와준 모든 존재들에게 감사하고 떠나보냅니다.
나는 나의 현실의 창조자임을 인정하고 감사로 수용합니다.
나는 내면에 잠재된 신성을 깨우고 신성한 인간으로 거듭납니다.

감사노트

1. 나는 항상 근원의 빛으로 밝게 살아가고 있어 감사합니다.
2. 나는 에고마인드와 서브마인드를 정화하고 새롭게 업그레이드합니다.
3. 나는 가슴을 열고 순수한 본성으로 살아가게 되어 감사합니다.
4. 나는 이번 생애 동안 배우고 경험해 온 모든 것에 감사합니다.
5. 나는 에고와 신성을 하나로 통합하게 되어 감사합니다.

감사연습

나는 더 이상 과거를 옳고 그름으로 판단하지 않습니다. 모든 체험과 경험이 나의 선택이었음을 받아들입니다. 내가 지구에 오게 된 이유를 자각한 순간, 더 이상 과거는 문제가 되지 않습니다.

얼마 전까지만 해도 현실에 적응하지 못하고, 마치 발이 땅 위에 떠있는 것 같은 느낌으로 살아왔습니다. 하늘로, 근원으로 상승하여 돌아가고 싶은 갈망이 더 컸습니다.

내가 누구인지, 진짜 나는 어디에 있는지, 나는 무엇을 원하는지, 내가 왜 태어났는지, 나의 의문을 풀기 위해서 헤매고 다녔습니다.

이제는 '나'라는 존재에 대하여 이해하게 되었습니다. 내 존재가 소멸될 것 같은 어둠 너머에 진짜 내가 있다는 것을 압니다. 가슴을 신뢰하고 두려움을 뚫고 진짜 나에게 다가갑니다. 이제는 에고에서 벗어나 참다운 자유를 느낍니다.

아직은 잘 알지 못하는 미래를 현실에 그리기는 어렵지만, 모든 것을 있는 그대로 허용하며 받아들이기만 해도, 지금 이 순간이 너무나 행복합니다. 내 삶을 전면적으로 받아들이는 용기를 내보려고 합니다.

인간적 자아와 신성한 자아의 융합으로 내가 새롭게 거듭나고 있습니다. 이제는 지구에 발을 딛고 당당하게 걸어갑니다. 내가 원했던 사랑과 기쁨이 이미 내 현실에 들어와 있음을 압니다.

영적으로 깨어나고 있는 사람들과 함께 나의 미래를 창조해 갑니다. 이미 자신에 대하여 눈을 뜨고 그 길을 걷고 있는 분들에게도 감사합니다. 나와 같은 길을 가는 수많은 동반자들이 있어 감사합니다. 에고를 정화하고 순수한 본성으로 깨어난 분들이 기뻐하는 모습을 보면서, 나 또한 감격의 눈물을 흘립니다. 신성으로 깨어나고 있는 모든 존재들에게 감사하고 사랑합니다.

감사기도

사랑하는 나의 근원이여.
생명의 빛으로 에고를 정화하고 신성과 하나 되게 해주셔서 감사합니다.
신성과 하나가 됩니다. 신성과 하나가 됩니다. 신성과 하나가 됩니다.
감사합니다.

감사연습 Q&A

감사하는 사람들이 성공하는 이유는 무엇인가요?

감사하는 사람이 성공할 확률이 더 높습니다. 왜냐하면 감사하면 돈이 되기 때문입니다. 돈을 벌고 싶다면 감사연습을 해야 합니다.

그 이유는 첫째, 돈에게 감사할수록, 주의를 분산하지 않고 돈 버는 일에만 집중할 수 있습니다. 내가 돈을 사랑하고 감사해야 돈도 나를 사랑해 줍니다.

둘째, 돈을 주거나 돈을 벌어줄 사람과 좋은 관계를 유지할 수 있게 합니다. 관계가 나빠지면 돈을 받을 수 없고 계약도 틀어집니다. 사람들과 형성된 관계가 에너지이며, 돈입니다. 소통을 잘하면 돈이 벌립니다.

셋째, 감사에너지가 우주에 퍼져 나가면, 돈 되는 사업, 아이템, 정보, 귀인을 끌어당깁니다. 감사는 자석처럼 돈 벌 기회를 끌어당깁니다. 감사에너지를 발산하는 사람은 점점 더 풍요롭게 되고, 불만의 에너지를 발산하는 사람은 점점 궁핍하게 됩니다.

에고가 불완전한 이유는 무엇인가요?

에고는 물리적으로 체험하고 창조하기 위한 도구이지만, 동시에 신성을 표현하는 도구입니다. 하지만 에고가 세뇌 작업으로 변형되면서 신성을 표현하지 못하게 되었습니다. 에고를 신성과 결합하여 업그레이드해야 합니다. 감사연습은 신성을 마음으로 불러들이는 연습입니다. 신성은 마음을 정화하고, 마음이 들어오도록 허용해야 들어올 수 있습니다. 신성은 자유의지를 존중하기 때문에, 마음의 허용이 필요합니다.

자꾸 반복해서 부정적인 생각이 떠오릅니다.
어떻게 정화하면 될까요?

머릿속에서 반복되는 생각을 억지로 없애려고 할수록 그 생각이 더 커지게 됩니다. 먼저 그 생각을 완전히 수용하고 받아들여야 합니다. 그리고 그 생각을 통해 얻어야 할 교훈이나 지혜를 깨달아야 합니다. 번민이 곧 깨달음이고 지혜입니다. 생각에게 감사말하기를 반복하면서 수용하면 정화되기 시작할 것입니다. 부정성의 강도가 셀수록 더 강력하게 감사해 주어야 합니다.

반복해서 일어나는 감정의 찌꺼기도 마찬가지로 먼저 수용하고 정화하면 됩니다. 가슴이 후련해지고 더 이상 아무런 감정적인 이슈가 남아있지 않을 때까지 감사로 정화합니다. 감사말하기는 하나의 의식에만 집중하는 연습입니다. 감사말하기가 기초적인 연습이지만 이것만큼 도움이 되는 것은 없을 것입니다.

무조건적인 감사선언이 어려운 이유는 무엇일까요?

내가 도전해 온 감사노트의 글 중에 이 말이 가장 실천하기 어려운 주제였습니다.

"나는 항상 언제 어디서나 완전히 모든 것에 감사합니다."

왜냐하면 24시간 항상 감사하기가 매우 어렵습니다. 감사하지 않는 순간이 훨씬 더 많습니다. 어떤 곳에서 머물든지 감사하기도 어렵습니다. 감사가 전혀 없는 불안한 공간이 많이 존재하기 때문입니다. 모든 것에 다 감사하기도 어렵습니다. 긍정적인 것은 감사하기 쉬워도 부정적인 것은 감사하기 어렵습니다.

시간과 공간에 관계없이, 긍정과 부정에 관계없이, 전면적으로, 무조건적으로 감사하기는 상당히 어려운 주제입니다. 무조건적인 감사는 일반적인 에고의 관념을 무너뜨리며, 일반적인 이해의 폭을 넘어서기 때문에 쉽게 도전할 수 없습니다.

에고는 조건화되고 이원화되어 있으므로, 감사는 상당한 도전과 용기가 필요로 합니다. 감사하기는 고통과 제약에서 벗어나려는 강렬한 열망을 가진 영혼만이 도전하는 과제입니다. 영적인 열망과 동기가 없다면 감사에 도전해도 포기하기 쉽습니다. 하지만 도전하는 자만이 에고를 정복하고 자신의 꿈을 이루게 됩니다.

감사는 정화하고 수용하는 것입니다. 정화와 수용의 치유 과정을 통해 부정적인 프로그램을 지우고, 마음을 새롭게 업그레이드합니다. 감사기도는 나자신에게 하는 기도입니다. 기도는 나의 근원과 연결하여, 생명의 빛으로 밝아지려는 영혼의 열정에서 나옵니다. 감사선언은 미래의 잠재성을 지금 여기에 구현하는 창조의 과정입니다. 감사의 의미를 숙고하고 이해해야 감사연습에 열정이 생길 것입니다.

갈등을 완전히 수용해야 하는 이유는 무엇인가요?

인생의 여정 중에 갈등은 항상 존재합니다. 인생은 영혼의 성장과 체험을 위한 과정이므로 다양한 갈등을 경험하면서 의식을 확장해 갑니다. 이런 갈등의 연속인 삶의 여정을 그 누구도 피해 갈 수는 없습니다. 각자의 신념 체계, 가치관, 환경에 따라 다양하게 갈등을 경험합니다. 갈등 상황을 완전히 수용하고 받아들인다면, 갈등은 아무런 문제가 되지 않으므로, 자연스럽게 종료됩니다.

갈등이 종료되고 나면 치유 단계를 거쳐 몸이 회복되고, 평상시 건강 상태로 돌아갑니다. 완전하게 수용하면 갈등은 종료됩니다. 완전한 수용은 완전한 자기신뢰와 사랑을 의미합니다. 자신을 불신하고 비하하고 미워한다면, 완전한 수용을 할 수 없습니다. 자신을 감사로 수용하는 것, 자신을 믿고 사랑해 주는 것, 이것만이 완전한 수용의 핵심 열쇠입니다.

감사연습의 가치는 얼마나 될까요?

감사연습의 가치는 최소 10억 이상은 될 것입니다. 매일 감사연습을 실천하면, 감사에너지가 가져다줄 돈의 가치는 최소 10억에서, 각자의 역량에 따라 10억의 10배, 100배의 가치를 가져다줄 것입니다. 감사연습은 자신의 근원과 함께 일하고, 자신의 잠재 능력을 최대한 발휘하게 만듭니다. 감사연습을 하는 사람과 하지 않는 사람의 차이는 시간이 갈수록 커지게 되겠지요? 감사연습을 하는 사람은 풍요로운 삶을 살아야 합니다. 지금까지는 가난과 결핍의 신경망으로 살아왔더라도, 감사연습으로 새롭게 자신을 재창조한다면 부자의 꿈을 이룰 수 있습니다. 돈을 많이 벌고 싶다면 감사연습으로 부자의 신경망을 깔아야 합니다. 성공의 95%는 새로운 신경망으로 의식을 전환하는 것에 달려있습니다. 나머지 5%는 자신만의 성공 전략을 세우고 추진하면 됩니다.

감사정화와 감사수용의 차이점은 무엇인가요?

감사정화는 어떤 것도 문제가 되지 않는 평온한 삶으로 전환하는 것입니다. 만약 내가 몸과 마음을 정화하여 더 이상 고통 받지 않는다면 어떻게 될까요? 아마도 삶을 있는 그대로 즐길 것입니다. 과거의 기억과 에너지에서 벗어나 순수한 본성으로 살아갈 것입니다. 감사정화는 돈을 벌어다 주거나, 성공을 보장하지 않습니다. 마음을 비우고 평안과 사랑과 기쁨에 이르는 것이 목적입니다.

몸과 마음이 정화되면 새로운 목표를 선택하고 수용하고 싶은 열정이 생길 것입니다. 감사수용은 미래비전을 현실에 창조하는 것입니다. 예를 들어 돈과 관련된 과거기억, 돈을 벌고 싶은 욕망, 돈에 대한 부정적인 신념 등을 다 정화하고 돈에서 자유로워지면, 새로운 영감과 열정이 주어질 것입니다. 감사수용으로 가슴을 따르다 보면 돈도 많이 벌 수 있게 될 것입니다. 감사정화는 돈이 되지 않지만 감사수용은 돈이 됩니다. 먼저 정화하고 그다음에 수용합니다.

다시 한번 강조하면, 감사정화는 저항과 욕망의 기억을 지우는 것이고 감사수용은 영감을 받아들이는 것입니다. 정화와 수용은 충돌하지 않습니다. 감사할수록 과거기억은 지워지고 새로운 미래기억으로 채워집니다.

감사연습으로 건강을 회복할 수 있을까요?

오랜 질병으로 고통받고 있다면 감사연습을 지금 당장 시작하시길 권합니다. 감사말하기와 몸에게 감사하기, 감정에게 감사하기를 집중해서 연습하면 도움이 됩니다. 특히, 호흡이완연습과 웃음연습을 적극적으로 실천해야 합니다. 감사연습만으로도 몸의 문제들을 스스로 해결하신 분이 많습니다.

CTS(갈등, 트라우마, 스트레스)의 문제인 경우, 감사정화가 많은 도움이 됩니다. 독소와 영양이 문제인 경우에는 전문가의 도움을 받아 항산화, 디톡스, 미네랄과 비타민 등 영양을 보충하는 요법을 병행하면 도움이 됩니다.

감사연습으로 여자 친구와 재회하거나 새로운 여자 친구를
만들 수 있을까요?

감사하는 마음이 사라지면 가장 먼저 관계가 꼬이기 시작합니다. 돈 때문에, 사업 때문에 고민하느라, 감사를 잊어버리고 부정적인 생각에 빠져 어두워지고, 에너지도 정체되어 있습니다. 결국 사업도 지지부진하고 돈도 떨어집니다.

돈을 잘 벌고 매력을 발산하고 있을 때는 여자 친구나 애인이 끌려오지만, 돈이 떨어지고 매력마저 없어지면, 당신과 함께 미래를 그릴 수 없어 떠나게 됩니다. 부담 주기 싫어서 떠난다고 하지만, 사실 더 이상 매력이나 비전을 볼 수 없어 떠난 것입니다.

사람들은 사업 아이템이나 전략이 없어서, 운이 안 좋아서, 누군가가

도와주지 않아서, 돈을 벌 수 없었고 관계도 안 좋아졌다고 말합니다. 이 말들은 진실이 아닙니다. 진실은 자기 자신과의 관계에 있습니다. 자신의 근원을 신뢰하지 않고 다른 사람을 믿고, 돈을 믿고, 사업을 믿었기 때문입니다. 자신을 믿지 않으면 엄청난 대가를 치러야 합니다. 근원에서 멀어질수록 돈도, 에너지도 다 떨어져 나갑니다. 당연히 당신의 파트너나 애인은 자신의 길을 찾아 떠나게 됩니다.

새로운 여자 친구를 만들고 싶다면, 먼저 근원과의 관계를 다시 회복해야 합니다. 근원으로부터 주어지는 에너지로 다시 채워야 합니다. 근원에 대한 신뢰와 감사로 에너지가 충만해져야 매력도 살아납니다. 에너지가 살아 움직이면 돈은 저절로 벌리게 됩니다. 돈이 벌리면 자연스럽게 재회하거나 새로운 여자 친구가 생깁니다. 새로운 여자 친구에게 항상 감사하고 존중해 주어야 합니다. 감사와 존중으로 사랑해 주면 다시는 떠나지 않을 것입니다.

파트너나 배우자에게 감사하면 사업도 잘됩니다. 그 이유는 감사에너지가 항상 작동하고 있기 때문입니다. 감사는 근원과 연결되어 있다는 뜻이기도 합니다. 근원과의 관계도 좋고, 감사에너지를 가지고 있기 때문에 모든 일들이 잘될 수밖에 없습니다.

감사연습으로 소원을 이루는 방법은 무엇인가요?

우주는 보편적인 진리에 따라 긍정적인 실현원리로 작동합니다. 긍정적인 실현원리로 소원을 이루고 싶다면, 먼저 감사로 부정성을 정화하고 긍정성을 수용하는 감사허용의 과정을 거쳐야 합니다. 감사허용이 되기 전에 유인력이 작동하지 않는 것이 오히려 다행입니다. 정화가 되기 전에 소원만 불러들이려고 한다면 오히려 역효과가 날 수 있습니다. 먼저 감사연습으로 자신을 정화한 후에, 보편적인 진리를 체화하고 긍정적 실현원리를 활용하시기 바랍니다. 마음이 정화되면 진짜 가슴에서 나오는 소원을 알게 되고, 그 소원은 자연스럽게 성취될 것입니다. 나의 신성은 나에게 더 적절하고 멋진 것을 준비하고 있습니다. 내 소원만 들어달라고 요구하고 있다면 신성이 주는 선물을 보지도 받지도 못할 것입니다. 신성은 이미 내가 요구하기도 전에 필요한 것을 준비하고 있습니다. 감사로 정화하고 마음이 편안해지면 선물이 보이기 시작합니다.

감사연습을 꼭 해야 하는 이유는 무엇인가요?

감사는 인간의 자연스러운 감정이므로 연습이 필요 없습니다. 하지만 무조건적인 감사는 연습 없이 할 수 없습니다. 감사할 수 없는 것을 감사하려면 연습이 필요합니다. 감사로 어둡고 부정적인 측면을 통합해야 합니다. 감사연습은 자신을 통합하여 새로운 나로 변형시키는 작업입니다.

감사연습은 자신의 몸과 마음을 정화하는 것부터 시작합니다. 단순히 감사만 하는 것이 아니라 과거의 기억을 정화해야 합니다. 감사로 몸과 마음을 충분히 정화하고 나면, 그다음에 미래비전을 구현하는 창조연습을 합니다. 자신의 삶을 주도적으로 창조하려면 창조연습을 숙달해야 합니다. 감사연습과 창조연습을 마스터하면, 다음은 근원과 연결하고, 근원과 함께 일하는 단계로 넘어갑니다. 근원이 주는 생명의 빛으로 자신을 변형시킬 때까지 계속 정진해 가야 합니다.

사람들이 감사연습에 호감을 보이는 이유는 무엇인가요?

　감사연습을 처음 소개받은 사람들의 반응은 너무나 놀랍습니다. 자신을 밝게 만들고 다시 희망을 갖게 하는 감사를 잊고 살았다는 사실에 흥분합니다. 또 지금까지 고민했던 문제를 해결할 방법을 찾게 되어 안도하는 모습도 볼 수 있습니다. 매일 감사말하기 연습으로 웃음도 많아지고 밝은 모습으로 일하다 보니, 자신이 원하는 것을 자연스럽게 이루게 된 사연들이 많습니다. 그 사람들은 단순하게 자신의 꿈이 마치 이루어진 것처럼 말하기만 했는데도, 실제로 말 한대로 되니까 신기해합니다.

　감사는 잃어버린 꿈을 다시 되찾아 주고, 순수한 본성으로 밝아지게 만드는 마법의 주문과 같습니다. 감사연습으로 꿈을 이룬 사람들이 늘어나고 관심도 높아지고 있습니다. 누구나 어려운 문제에 맞닥쳐 고민하는 위기 상황을 맞이하게 됩니다. 어떻게든 고민을 해결하지만 또 비슷한 상황이 반복해서 나타납니다. 고민에서 완전히 탈출하는 방법은 감사로 고민을 넘어서야 합니다. 반복되는 고민을 해결하는 것이 아니라, 고민 자체가 없는 삶으로 탈출해야 합니다. 감사연습을 만난 사람들은 어떤 것도 문제 되지 않는 삶을 이해하고 체험할 것입니다.

감사연습으로 건강한 부자가 되세요!

"항상 시간을 지켜라, 언제나 최선을 다해라, 열심히 노력해라, 항상 정직해라, 큰 목표를 위해 도전해라, 남보다 좀 더 노력해라, 고통 없는 소득은 없다, 절대 포기하지 마라."

이렇게 믿고 실천해 왔는데도 성공하거나 부자가 될 수 없었다면, 당연히 큰 실망에 빠질 것입니다.

그러다 우연히 이 원칙을 따르지 않는 사람들이 오히려 성공한 부자가 되어 있는 것을 발견하기도 합니다. '별 노력도 없이 큰 소득을 올리다니!, 오히려 못 배우고 공부도 못한 사람이 나보다 더 성공하다니!' 이렇게 나보다 못난 사람이 더 잘되는 걸 보자니 화가 나죠.

돈과 관련된 문제들을 해결하기 위한 실마리는 바로 나 자신 안에 있습니다. 내가 애타게 갈망하는 경제적인 성공을 비난하고 있을 때, 그 성공은 점차 멀어지고 건강과 행복도 잃게 됩니다.

사실상 그 누구도 나의 성공을 방해하지 않습니다. 그렇다고 그 누구도 나의 성공을 도와주지도 않습니다. 전적으로 성공은 나에게 달린 문제이며 나만이 통제할 수 있습니다.

내가 잊고 있던 천부적인 본성을 먼저 찾아야 합니다. 부는 내면에서 시작됩니다. 부는 천부적인 기쁨과 확장을 반영합니다. 기쁨은 보편적인 진리이므로 긍정적인 실현원리에 의해 소망이 실현되기 시작합니다.

성공과 실패가 외부의 어떤 것에 달려있다고 생각한다면, 변화를 이끌어낼 힘을 상실하고 풍요를 확장하여 창조할 수 없게 됩니다. 부와 건강은 조화로운 감정 상태에서 실현되는 것입니다.

가난과 결핍, 질병과 고통은 불편한 감정 상태에 있음을 알려주는 신호입니다.

천부적이고 자연스러운 본성의 상태는 바로 성공과 풍요, 건강과 행복을 가져다 줍니다. 우리는 마땅히 성공하거나 행복해야 합니다.

모든 불균형은 나의 내부에 존재하고 있으며, 내가 통제할 수 있습니다. 일단 자신의 근원에 대하여 잘 알고 우주의 법칙을 잘 이해한다면, 성공과 풍요를 실제로 구현하기 쉬워질 것입니다.

오늘부터 돈에 대한 새로운 생각으로 채워보세요. 돈이 부족하더라도 불안한 감정을 방출하지 말고, 잠시 외부 현실과 관계없이 나만의 내부 현실에서, 풍요로움을 느끼며 충분히 가지고 있음을 선언합니다.

"나는 풍요롭고 충분히 가지고 있어 기분이 좋다!
물이 흐르듯이 돈이 나에게 쉽게 흘러들어 온다!
나는 항상 언제 어디서나 완전히 풍요롭습니다. 감사합니다."

이렇게 매일 감사연습을 하면서 풍요를 생각하고 풍요의 느낌을 반복해서 표현합니다.
내가 생각하고 믿는 대로 나의 현실이 재구성되어 갈 것입니다.

✕ 에필로그 ✕

　지금까지 이 책을 읽고 감사연습을 실천하신 독자 여러분께 감사드립니다. 감사연습 강의와 세미나에 참석하신 분들에게도 감사드립니다. 21일과 200일 감사프로젝트를 완료하신 분들의 열정에 경의를 표합니다. 아픔과 고통을 이겨내고 새롭게 거듭나는 참가자를 보면서, 나 또한 함께 성장하는 계기가 되었습니다. 소중한 체험이 담긴 감사노트를 공개해 주신 분에게도 감사드립니다. 영적 성장에 도움을 준 수많은 도서들과 자료들을 세상에 내놓은 스승들과 마스터들에게 감사드립니다. 특히 감사연습에 영감을 불어넣어 준 책들과 그 책들을 집필하신 모든 작가님들에게도 감사드립니다. 참고문헌과 그 저자들을 여기에 일일이 열거하지 못한 점 양해 바랍니다. 아울러 항상 나와 함께하면서, 나를 인도해 준 나자신에게 감사드립니다. 매일 감사에너지를 채워주고 지혜로운 메시지로 깨달음을 주었기에 이 책을 출간할 수 있었습니다.

　200일 감사프로젝트를 몇 차례 마치고 나면, 인생의 숙제를 마친 기분이 들 것입니다. 자신의 삶을 돌아보고 정화하면, 이번 생애에서 배워야 할 교훈과 지혜를 저절로 알게 됩니다. 숙제를 끝낸 영혼이 배워야 할 마지막 관문은 가슴을 열고 가슴에서 나오는 기쁨으로 살아가는 것입니다. 둔탁한 물리적 현실에서도 영혼의 열정과 기쁨을 구현하는 것이 마지막 도전 과제입니다. 물질 또한 빛이며 영입니다. 항상 해처럼 밝은 나로 살면서 기쁨을 누리시기 바랍니다. 기쁨을 실현하는 것은 신적 인간들에게 주어진 미션입니다. 매일 감사연습으로 빛나는 인생을 창조하시길 바라며 글을 마칩니다.

✕ 용어정의 ✕

감사프로그램(program)

감사연습을 실천하는 구체적인 절차와 방법을 의미합니다. 기초연습으로는 호흡이완연습, 접지연습, 웃음연습, 자세연습이 있으며, 감사연습은 몸과 감정을 정화하는 연습, 에고마인드와 서브마인드, 마인드게임, 에너지게임, 카르마, CTS 등을 정화하는 연습, 새로운 미래비전을 수용하는 연습 등이 있습니다.

감사프로젝트(project)

감사연습을 장기간 진행하는 과정을 의미하며, 21일 감사프로젝트를 한 후에 200일 감사프로젝트를 진행합니다. 자기변형의 원리에 따라 감사습관을 형성하려면 최소 3~6개월 동안 감사프로젝트를 해야 합니다.

감사허용(permission)

내가 경험하는 모든 것은 나의 허용에 의해 다가온 것입니다. 정화와 수용도 나의 허용이 필요합니다. 감사는 내 삶을 창조하는 허용의 기술입니다.

감사정화(purification)

정화는 낡고 정체된 에너지와 불편한 과거기억정보를 떠올려 풀어내고, 흘려 내보내고 비우는 것을 의미합니다. 정화의 목적은 불편한 에너지와 기억을 감사와 사랑으로 끌어안아 변형시키는 것입니다. 불편하지 않은 기분 좋은 에너지와 기억은 정화의 대상이 아닙니다. 감사정화는 정체된 에너지와 과거기억정보를 감사연습으로 정화하는 것을 의미합니다.

감사수용(acceptance, allowance)

수용은 우주와 지구에 조성된 새로운 에너지와 잠재성의 영역에 있는 미래기억정보(영감, 아이디어, 비전)를 선택적으로 받아들여 현실에 구현하는 것을 의미합니다. 감사수용은 의식적으로 새로운 에너지와 미래기억정보를 내 몸과 마음에 받아들여 수용하는 것을 의미합니다.

감사노트(note)

감사연습 과정을 기록하기 위해 노트를 준비합니다. 휴대폰에 메모하거나, 블로그나 SNS를 감사노트로 활용해도 됩니다. 감사선언, 감사연습, 감사기도 순으로 매일 기록합니다.

감사선언

말로만 선언하는 것이 아니라 마치 지금 여기에서 일어나고 있는 것처럼 느끼고 상상하면서 선언해야 합니다. 감사선언으로 내면 현실이 바뀌면, 외부 현실도 바뀝니다.

감사기도(prayer)

나의 근원인 참나와 나자신, 그리고 모든 것의 근원에게 감사하는 기도를 의미합니다. 기도는 생명의 빛으로 몸과 마음을 정화하거나 고차원의 에너지를 수용하는 작업입니다.

호흡이완연습(breath and relaxation technique)

감사연습에서 가장 먼저 하는 기초연습으로, 깊은 호흡과 함께 심신을 이완합니다. 기본상태에서 감사상태로 전환하는 가장 쉬운 기법입니다.

기본상태(default)

어렸을 때는 감사상태와 유사하게 존재했지만, 나이가 들면서 점차 부정적인 생각과 감정으로 에너지 수준이 낮은 상태에서 머무르고 있습니다. 항상성 프로그램은 몸의 컨디션을 일정하게 유지합니다. 감사연습은 틀어진 항상성 설정값을 재조정하여 균형을 맞춥니다.

감사상태(appreciation state)

몸과 마음을 이완하고 감사하는 마음으로 전환하는 것을 의미합니다. 감사연습은 기본상태에서 편안하고 안전하며 기분이 좋은 감사상태로 전환하는 연습입니다. 감사상태에서는 기쁨을 누리면서, 자신을 신뢰하고 사랑하며, 모든 것에 감사할 수 있는 여유로운 상태가 됩니다. 감사상태를 유지하면 자연스럽게 감사의 열매(기쁨, 사랑, 신뢰, 평안)를 얻을 수 있습니다. 감사상태에서는 허용(정화와 수용)을 통해 몸과 마음의 불균형도 치유할 수 있습니다.

상태전환(state shift)

의식의 초점을 다른 상태로 옮겨 가는 것을 의미합니다. 감사연습은 감정, 생각, 기분, 에너지, 컨디션 등을 의식적으로 변화시킬 수 있습니다. 예를 들어 최소 1분 이상 감사하고 웃으면, 기분 나쁜 상태에서 기분 좋은 상태로 전환할 수 있습니다.

차원전환(dimensional shift, BDD)

의식의 초점을 물리적 영역에서 비물리적인 영역(다차원)으로 옮겨가는 것을 의미합니다. 탄생, 죽음, 꿈, 임사 체험, 자각몽, 명상은 물리적 현실에서 다차원 현실로 의식의 초점이 이동하는 현상입니다. 더 높은 자아와 연결하거나, 근원과 연결하려면 차원을 전환해야 합니다.

안전공간(safe space)

외부의 방해와 자극이 차단된 안전하고 편안한 나만의 물리적, 심리적 공간을 의미합니다. 물리적 안전공간은 외부의 환경이나 사람들에게 방해받지 않아, 감사연습을 하기에 좋은 공간입니다. 심리적 안전공간은 외부의 감각을 차단하고, 내면으로 들어가 휴식하면서, 더 높은 차원의 에너지를 충전하는 내면의 공간입니다.

과거기억정보(past memory)

미래기억정보를 수신하여 몸과 마음으로 체험한 과거의 정보를 의미합니다. 과거와 전생의 모든 기억정보는 내면에 저장되어 있으며, 완료되지 않은 과거기억은 반복 재생됩니다. 밝고 긍정적인 기억은 좋은 자원으로 활용되지만, 어둡고 부정적인 기억은 몸과 마음을 아프게 하고 대인관계도 불편하게 만듭니다. 기억정보는 모두 필드에 기록되어 있습니다.

미래기억정보(future memory)

미래에 구현할 수 있는 잠재성이나 가능성을 의미합니다. 영감, 아이디어, 비전은 미래에 구현될 정보입니다. 미래기억은 이미 잠재성의 영역에 존재하고 있으며 의식에 의해 선택되면, 기억정보로 들어와 물리적으로 현실화됩니다. 인간의 뇌는 미래기억을 수신할 수 있으나 퇴화되어 있습니다.

의식(consciousness, awareness)

앎, 알아챔을 의미하며, 자신이 무엇을 하고 있는지 아는 것을 말합니다. 의식의 초점은 수축하거나 확장할 수 있습니다. 의식은 에너지와 중성적인 잠재에너지를 활성화합니다. 의식이 에너지와 결합하여 한정된 형태가 되면 존재(being)가 됩니다.

원초입자(primal particle)

모든 것의 근원에 의해 창조된 최초의 입자로 양자보다 작아 측정이 불가능합니다. 원초입자와 그로부터 만들어진 고차원의 입자들과 소립자와 원자는 창조자의 명령과 의도와 정보를 담고 있습니다.

본향(home/paradise)

중심우주에서 하나(Oneness)로 존재했던 모든 존재들의 영적 고향을 의미합니다. 본향에서 최초의 빛(해나)이 영적 여정을 시작하였습니다. 최초의 빛은 나자신을 창조하고 나자신에 의해 다차원 우주와 물리적 우주가 창조되었습니다.

텅 빈 허공(empty void)

창조 이전의 우주 공간으로, 아무것도 없는 빈 공간을 의미합니다. 본향에서 확장되어 나간 존재들이 창조를 시작한 바탕 공간으로 지금은 존재하지 않는 우주 공간입니다(All that was).

가득 찬 허공(full void)

창조 이후의 지금의 우주 공간으로, 비어있는 듯 보이지만 잠재성으로 가득 차있습니다. 잠재성은 표현되지 않는 수많은 의식과 순수 잠재에너지를 말합니다.

에너지(energy)

측정이 불가능한 원초입자와 초양자, 양자 수준의 입자들의 흐름을 의미합니다. 지구와 우주의 가득 찬 허공(full void)에는 아직 표현되지 않은 잠재에너지가 무한히 존재합니다. 창조의식을 가진 영혼적 존재의 의도와 상상에 의해 잠재에너지가 촉발되어 물리적인 현실에 들어올 수 있습니다. 감사연습으로 잠재에너지가 몸과 마음에 채워지면, 영혼을 위해 일하고 봉사하는 에너지가 됩니다.

매트릭스(matrix)

원초입자들이 모여 기하학적 형태발생장과 매트릭스를 만듭니다. 우주에는 다양한 차원의 매트릭스가 설치되어 있습니다. 뇌신경망은 물리적, 비물리적 매트릭스와 소통하는 통신 채널입니다. 감사연습으로 더 높은 차원의 매트릭스와 연결이 가능합니다.

필드(field)

원초입자로 만들어진 형태발생장을 말합니다. 모든 존재는 필드를 가지고 있으며 우주의 근원장인 소스필드(Source Field)와 연결되어 있습니다. 생명체의 필드를 생체에너지장(Bioenergy Field)이라고 부릅니다. 모든 존재가 생겨난 바탕인 영점장(Zero point field)과 에너지격자(grid), 양자포텐셜장, 소립자 수준의 아원자장 등 다양한 필드가 존재합니다.

물질(matter)

얼어붙은 에너지(frozen energy), 응집된 에너지(cohesive energy)로 에너지가 입자로 응축하여 소립자, 원자, 분자를 만들어냅니다.

기존 에너지(old energy)

음양의 구조와 나선형 운동 패턴으로 진동하는 에너지로 어느 정도 예측 가능한 극성화된 에너지를 말합니다.

새로운 에너지(new energy)

간차원적 잠재에너지(IPE)로 중성적인 잠재성으로 존재하고 있으며, 의식에 의해 촉발되어 물리적 현실로 들어오는 에너지를 말합니다. 새로운 에너지는 기존에너지와 다른 속성을 가지고 있습니다. 신성과 인성을 통합시키는 새로운 의식에 의해 드러나는 에너지로, 최근 지구에 조성되고 있습니다.

에너지변화증후군(energy transition symptom, ETS)

의식상승으로 에너지가 변하면서 몸과 마음에 다양한 증후군이 나타납니다. 에너지변화증후군은 대부분 안전한 증상이며 변화 과정이 끝나면 사라집니다. 감사연습 중에 고통스러운 과거기억이 떠오르거나, 예전 증상이 재현되는 경우는 치유의 과정(호전반응, 명현반응)이니 안심해도 됩니다.

나자신(I AM)

다차원 창조계의 창조주이며 이원성 체험장인 우주를 주관하는 아이엠(I AM) 자아로, 신적인 근원을 의미합니다. 나자신은 참나에게 신성한 본질(essence)을 부여합니다. 본질은 주권적 권리, 자유로운 선택과 창조 능력, 자신에 대한 사랑, 자기를 알기 위해 확장하고 경험하는 속성 등을 의미합니다. 참나는 영혼으로 분화되어, 인간의 몸으로 들어와, 물리적인 현실을 체험하고 있습니다. 나자신은 창조자이고, 참나는 체험자입니다. 영혼은 참나의 아바타이며, 몸과 마음은 지구를 체험하는 영혼의 옷입니다.

존재(being)

형태발생장(morphogenetic field)에 의해 만들어진 물리적, 비물리적 개체를 말합니다. 모든 것의 근원은 존재가 아니지만 해나, 나자신, 참나, 영혼, 마음, 몸은 형태를 가진 존재라고 할 수 있습니다. 다차원의 우주에는 근원에서 분리되어 하강한 수많은 영적 존재들과 물리적 존재들이 있습니다.

영혼(soul)

나자신과 참나에 의해 창조된 독특하면서도 유일한 영적 본성으로, 소멸되거나 빼앗길 수 없는 생명과 창조의 에센스를 담고 있습니다. 영혼의 본성(nature)은 자신을 알기 위해 자신을 표현하려는 욕구와 열정을 의미합니다.

영혼적 존재(souled being)

신(Godspirit)에 의해 본향에서 창조된 최초의 존재들이 나자신으로 하강하여 우주와 영혼적 존재들을 창조하였습니다. 인간의 진정한 정체성은 천사, 신의 아이들이라 불리는 영혼들이며, 다른 차원의 영적 존재들도 창조자로서 신성한 정체성을 유지합니다. 창조자의 본질을 부여받지 않은 에너지적 존재는 영혼적인 존재들이 아닙니다.

나의 측면들(aspect, part)

분화되고 쪼개진 다양한 나의 측면(분아)들로 다양한 역할에 따라 수많은 정체성을 가지고 있습니다. 또한 과거자아, 미래자아, 꿈자아, 다차원자아, 평형현실의 자아들뿐만 아니라 몸, 마음, 영, 영지 등 인간의 다양한 측면들도 있습니다.

마음(mind)

뇌신경망(brain neuron network)을 기반으로 한 생화학적, 전자기적 바이오컴퓨터(bio-chemical computer)를 의미합니다. 마음은 운동, 언어, 학습, 판단을 하는 지성적인 인간의 한 측면을 담당합니다. 물질 현실만 인식하도록 의식의 스펙트럼이 좁게 제한되어 있습니다. 에고(Ego)는 마음에 의해 만들어진 인간적인 자아로, 오랫동안 나를 대신해 삶을 이끌어왔습니다. 에고는 감각정보와 집단의식에 쉽게 영향받습니다.

에고마인드(egomind)

대뇌의 마음(현재의식)을 의미합니다. 에고마인드는 3차원 현실을 감각정보로 인지하고, 움직이고, 생각하고, 말하고, 판단하고, 분별하고, 해석하는 기능을 담당합니다. 에고마인드는 가짜 나입니다. 하지만 3차원 현실에서 마치 진짜 나인 것처럼 주인이 되어 삶을 주관하려고 합니다.

서브마인드(submind)

소뇌와 뇌간의 마음(하부의식)을 의미합니다. 에고마인드보다 훨씬 빠른 속도로 정보를 처리하고 있으며, 주로 본능과 항상성 유지를 위해 일하고 있습니다.

감정(emotion)

대뇌의 마음과 별도로 설계되었으나 지금은 대뇌의 마음에 의해 지배되고 있으며, 신경과 호르몬에 의해 기쁨, 슬픔, 두려움, 분노의 기본감정과 복합감정들을 만들어냅니다.

영(spirit)

생명력 에너지를 의미합니다. 인간과 영혼은 영으로 연결되어 있습니다. 근원과 에너지를 교류하는 것도 영의 작용입니다.

영지(gnosis)

더 높은 자아의 지혜를 받아들이는 인간의 한 측면을 말합니다. 영지는 창조적인 미래기억을 수신하는 통로입니다.

영감(inspiration)

잠재성의 영역에서 미간이나 두정 차크라를 통해 들어오는 미래기억을 의미합니다. 직감(gut feeling)은 태양신경총 차크라를 통해 느끼는 본능적인 감각이고, 직관(intuition)은 과거기억정보에서 가져온 통찰이나 지혜를 의미합니다. 에고마인드는 영감, 직감, 직관의 메시지를 무시하고 제한적인 정보와 고정관념으로 편향적 판단(heuristics)을 하므로 오류에 빠지기 쉽습니다.

가슴(heart)

영혼의 본성으로부터 주어지는 느낌의 센터를 말합니다. 사랑은 가슴센터에서 만들어져 방사되는 순수한 에너지를 말합니다. 연민은 아무런 판단 없는 순수한 사랑으로 다른 사람을 이해하고, 수용하며, 존중하는 자비로운 상태를 말합니다.

육체(physical body)

생화학적이고 물질적인 몸을 말합니다. 육체는 영혼이 물질 현실을 경험하도록 설계된 생물학적인 도구입니다. 영혼이 없는 육체는 클론이나 좀비와 같습니다.

새몸(new body)

새로운 의식과 에너지에 의해 활성화된 새로운 의식의 몸, 빛의 몸을 의미합니다. 빛의 몸은 인간, 영혼, 신성, 측면들이 모두 하나로 통합된 몸입니다.

양자통신망(quantum communication network, QCN)

세포와 세포, 입자와 입자 사이에 일어나는 수많은 통신 상태가 복잡하게 얽혀있습니다. 양자적 얽힘과 중첩에 의해 동시적인 통신이 일어나고 있습니다.

간차원적 DNA(interdimensional DNA)

활성화되지 않는 채 잠재되어 있는 DNA의 프로그램으로, 스스로 현실의 창조자가 될 수 있도록 지원합니다. 에너지의 주인으로서 에너지를 다루고 명령하는 주권적 존재가 되면, 나자신의 신성과 연결된 간차원적 DNA가 활성화됩니다.